with notation and TAB con notación y CIFRA

PLAY SOLO FLAMENCO GUITAR

with

JUAN MARTÍN
Guitarra Flamenca

SOLOS FLAMENCOS

42 solos

Progressively graded for absolute beginner to intermediate and more advanced

Progresivamente graduados para el principiante absoluto hasta intermedio y más avanzado

Audio
www.MELbay.com/99825MEB
Video
dv.melbay.com/99825
YouTube
www.MELbay.com/99825V

Online Audio & Video

FLAMENCOvision
LONDON · MÁLAGA

© 2001 FLAMENCOVISION AND PATRICK CAMPBELL
EXCLUSIVE SALES AGENT: Mel Bay Publications, Inc.
ALL RIGHTS RESERVED. INTERNATIONAL COPYRIGHT SECURED. B.M.I. MADE AND PRINTED IN U.S.A.
No part of this publication may be reproduced in whole or in part, or stored in a retrieval system, or transmitted in any form
or by any means, electronic, mechanical, photocopy, recording, or otherwise, without written permission of the publisher.

Visit us at www.melbay.com — E-mail us at email@melbay.com

© 2001 Flamencovision and Patrick Campbell

All rights reserved   *Reservados todos los derechos*

No part of this publication may be recorded, stored in a retrieval system or transmitted, in any form or by any means, electronic, mechanical, photocopying, recording or otherwise without prior written permission from the copyright holders.
No se permite reproducir, almacenar en sistemas de recuperación de la información ni transmitir alguna parte de esta publicación, cualquiera que sea el medio empleado – electrónico, mecánico, fotocopia, grabación etc. – sin el permiso previo de los titulares de los derechos de la propiedad intelectual.

Juan Martín's music compositions and arrangements © *Juan Martín Music*, P.O. Box 508, London N3 3SY

In the case of a recording, publication or edition, including a performance of any type, Juan Martín reserves his rights to his compositions and arrangements.
En el caso de una grabación, publicación, edición o incluso actuación de cualquier tipo Juan Martín reserva sus derechos a sus composiciones y arreglos.

Video production, recording, editing, post-production, audio-mastering, design, transcription of music into staff notation and *cifra* (in collaboration with Juan Martín), and book origination by Patrick Campbell.

Photographs from Juan Martín's personal collection.
Las fotos son de la colección particular de Juan Martín.

The guitars used in this video are:
Las guitarras usadas en este video son las siguientes:
  1995 Conde Hermanos, cypress *(de ciprés)*
  1996 Lester DeVoe, Indian rosewood *(de palo santo de la India)*
  1972 Sobrinos de Esteso, cypress *(de ciprés)*
  1994 Conde Hermanos, Brazilian rosewood *(de palo santo del Brasil)*

LONDON · MÁLAGA

P.O.Box 508
LONDON N3 3SY
UNITED KINGDOM

CONTENIDO / CONTENTS

			Audio
INTRODUCTION BY JUAN MARTÍN		4	
INTRODUCCIÓN POR JUAN MARTÍN		5	
THE ELEMENTS OF FLAMENCO GUITAR-PLAYING		6	
LOS ELEMENTOS DEL TOQUE DE LA GUITARRA FLAMENCA		8	
SYMBOLS AND NOTATION		10	
SÍMBOLOS Y NOTACIÓN		12	

			Track/Tema
GRADE / NIVEL 0	Notes and Requirements/Notas y requisitos	14	
PRIMERA SOLEÁ	First Soleá	18	1
TIENTOS	Anhelo (Yearning)	21	2
SEVILLANA	Copla tradicional	22	3
VERDIALES	Málaga, mi tierra	24	4
ALEGRÍAS EN MI	Alborozo (Jubilation)	26	5,6
TANGOS	Festejo (Celebration)	28	7,8
GUAJIRA	Fiesta cubana	30	9
GRADE / NIVEL 1	Notes and Requirements/Notas y requisitos	33	
SOLEÁ	Falsetas sencillas (Simple falsetas)	36	10,11
FANDANGO DE ALOSNO		38	12
RUMBA	Canción popular	40	13
TANGOS	Impulso	42	14
CARCELERO		44	15
FARRUCA	Ritmo del baile (Rhythm of the dance)	45	16
SEVILLANA	Mi copla	48	17
GRADE / NIVEL 2	Notes and Requirements/Notas y requisitos	51	
SOLEÁ	Falseta tradicional	54	18
ALEGRÍAS EN LA		56	19
TARANTOS	Toque de las minas	59	20
ZORONGO		61	21
CANTIÑAS	Luz y sombra (Light and shade)	63	22
SEGUIRIYA	Lamento	65	23
RUMBA	Rumba flamenca	68	24
GRADE / NIVEL 3	Notes and Requirements/Notas y requisitos	71	
SOLEÁ	La base	75	25
FANDANGO DE HUELVA		78	26
ALEGRÍAS EN MI	con silencio	81	27
BULERÍAS POR ARRIBA		86	28
RUMBA	Rumba del día nueve	91	29
MALAGUEÑA	Vélez	95	30
GRANADINAS	Albaicín	98	31
GRADE / NIVEL 4	Notes and Requirements/Notas y requisitos	100	
SOLEÁ	Soleá gitana	103	32
SEGUIRIYAS	Falsetas clásicas	105	33
ZAPATEADO	Taconeos	109	34
RUMBA	Canción popular, more advanced (más avanzada)	114	35
SOLEÁ POR BULERÍAS	Raíces	118	36
TARANTAS	Aires de La Unión	121	37
ALEGRÍAS	Tema inicial (Opening theme)	126	38
GRADE / NIVEL 5	Notes and Requirements/Notas y requisitos	128	
SOLEÁ PARA ACOMPAÑAR		131	39
TIENTOS	de Ricardo a Paco	135	40
SEGUIRIYAS	Sabicas y ritmeo	140	41
ALEGRÍAS	Melocotones de Ronda	143	42
VERDIALES	Coplas malagueñas	146	43
BULERÍAS	Diego en menor	150	44
GUAJIRAS	from Caña rajá	155	45
APPENDIX: PUBLICATIONS BY/PUBLICACIONES DE JUAN MARTÍN		160	

INTRODUCTION

Welcome to my new video series! It can help you to play flamenco guitar whatever your present level of skill.

Many people who would like to play flamenco on the guitar tell me they are discouraged by the apparent difficulty of the techniques required. I want to try to change that, because the marvellous art of flamenco is much more about feeling and rhythm, those essential components of *aire* and *compás*, than always about sheer speed or amazing technique. The exciting challenge for me has been to arrange and compose music which includes classic elements with more modern sounds and rhythms that will capture for the student the true essence of flamenco guitar right from the very start, without sounding too simplified or lacking that characteristic flamenco sound.

The solos in this project are in a progressive series of grades, from an initial Grade 0 up to grade 8. This book, audio and video, the first of two sets, contain the pieces for grades 0 to 5. The grades are intended to be in line with the levels of musical advancement required for the grade examinations of music colleges for any musical instrument. This is a new kind of challenge for flamenco, but the art is now becoming so international that I believe it is time to see flamenco guitar as an art that can be learned in a progressive way by anybody who has the necessary devotion, understanding and determination.

To many devotees of flamenco the idea of a formal graded approach, possibly subject to examination, may seem quite alien and even unwelcome. I want to look to the future, however, and to join with others who now nurture the growing world-wide interest in this precious art and the need for systematic methods of teaching. The essence of flamenco is so strong and distinctive that I do not believe its future is threatened by the increasing numbers of people who find in its soul what they want to express and to enjoy in music, any more than the music of the Mississippi Delta has been impoverished by the world-wide interest in the art of the Blues. There are no formal standards or guidelines in flamenco that are widely established to mark the student's stages of progress. In this project, therefore, I have given much thought to what I believe should be the appropriate levels of skill and musicianship necessary for achievement of the grades which can mark the advancement of technical ability and musical understanding. The book contains more details about the contents and requirements of each grade.

I have been greatly encouraged in this project by my young son Carlos, whose need for interesting music to play from the start of his learning the guitar has given me a valuable purpose and focus in preparing the music, particularly with the earliest grades.

There is bound to be disagreement about whether a piece is right for the grade assigned, or whether it is too easy or too difficult. I think that sort of argument is both unavoidable and not really very helpful. I have tried to present a logical development of musical understanding and of techniques for the right and left hand, but the important thing is not to be too rigid about the sequence of grades. Students and players have to differ in their capacities and needs. The music always matters more than anything else! More advanced players will be able to incorporate the music of the video in their own arrangements, and they should find things worth learning at any grade.

My aim is to give the student music which he or she will enjoy playing and which will reward the effort to practise and learn. This is not primarily a project to explain technique, but I have included some brief notes about the individual pieces.

I hope you will share in the enjoyment I have had in undertaking this project with my good friend and former student Patrick Campbell who has again worked hard to communicate my playing through video, the audio recording and the printed page. I would also like to thank Bill Bay and his team for their invaluable advice and encouragement with what we believe to be a new advance in learning methods for flamenco.

¡Viva el arte – y vamos a tocar!

June 2001

INTRODUCCIÓN

¡Bienvenido a mi nueva serie de video! Ésta puede ayudar al estudiante a tocar el flamenco cualquiera que sea su nivel actual de destreza.

Muchas personas, a quienes les gustaría tocar flamenco, me han dicho que están desanimadas porque las técnicas requiridas les parecen muy difíciles. Eso lo quiero cambiar, porque en el arte maravilloso del flamenco lo que más importa es la emoción y el ritmo: el *aire* y el *compás*, más que la velocidad o la técnica asombrosa. El gran desafío para mí ha sido componer y arreglar la música que pueda incluir elementos clásicos junto a los sonidos y a los ritmos más modernos, de manera que pueda capturar para el estudiante, desde el principio, la esencia verdadera del flamenco, sin tener un toque demasiado simplificado o sin que le falte ese característico soniquete flamenco.

Los solos de este proyecto están graduados progresivamente desde un nivel principiante, nivel 0, hasta el nivel 8. Este libro y video con un audio contiene la música de los niveles 0 a 5. La intención es que los niveles correspondan a los niveles de enseñanza músical ya establecidos por las academias y los conservatorios de música para cualquier instrumento. Es un nuevo tipo de reto para el flamenco, pero el arte se hace tan internacional actualmente que, creo, es el momento para ver el flamenco como un arte asequible, que se puede aprender de manera progresiva por cualquiera que tenga la necesaria devoción, entendimiento y resolución.

Para muchos aficionados el concepto de un método graduado, con exámenes quizás, les puede parecer un poco extraño y aun indeseable. Sin embargo, quiero mirar hacia el futuro y unirme a los que fomentan el interés creciente y mundial en este arte tan querido y que reconocen la necesidad de sistemas metódicos de enseñanza. La esencia del flamenco es tan fuerte y distinta que no creo que esté amenazada por la cantidad de personas que cada vez más descubren en el alma del flamenco lo que quieren expresar y disfrutar con la música. La música del delta del Misisipí no ha sido tampoco empobrecida por la afición mundial a los Blues. En el mundo flamenco no existen niveles o pautas formales para comprobar las etapas del progreso de un estudiante. Para este proyecto, por lo tanto, he pensado mucho en los que deben ser, a mi juicio, los requisitos de destreza y de maestría musical requiridos para conseguir los niveles que puedan señalar el adelanto de la capacidad técnica y del conocimiento musical. El libro tiene más detalles sobre el contenido y los requisitos de cada nivel.

En este proyecto he recibido mucha inspiración de Carlos, mi hijo, cuya necesidad de música interesante para tocar desde el principio de su aprendizaje de la guitarra me ha dado un motivo y un enfoque valioso, especialmente para los niveles más sencillos.

Seguro que habrá bastante desacuerdo sobre la cuestión de si una pieza corresponde a un nivel determinado, o si es demasiado fácil o difícil. Ésto es inevitable y en realidad no muy útil. He intentado presentarles un desarrollo lógico de las técnicas de las manos derecha e izquierda pero lo importante es no ser demasiado rígido acerca de la secuencia de los niveles. Los estudiantes y tocaores son distintos en sus capacidades y en lo que les hace falta. ¡La música es lo que siempre importa más! Los tocaores más avanzados pueden incorporar la música del video en sus propios arreglos, y creo que habrá música que valga la pena en todos los niveles hasta en los más sencillos.

Mi meta es dar música de la cual disfrutará el estudiante y también hacer que sus esfuerzos de estudio y aprendizaje sean recompensados. Ésto no es principalmente un proyecto sobre técnica, pero he incluido unas notas breves sobre la estructura y las técnicas de las piezas individuales.

Espero que puedan compartir el placer que he sentido en hacer este proyecto con mi buen amigo y alumno de antaño Patrick Campbell, quien ha trabajado mucho, una vez más, para comunicar el toque mío en el video, en el audio y en las páginas impresas. Doy las gracias, también, a Bill Bay y a su cuadrilla por su ayuda y ánimo en lo que creemos ser un nuevo adelanto en los métodos de enseñanza del flamenco.

¡Viva el arte – y vamos a tocar!

Juan Martín.

junio 2001

THE ELEMENTS OF FLAMENCO GUITAR-PLAYING

THE AURAL TRADITION

The music of the flamenco guitar has evolved as an aural tradition in Andalucía, learned without using written notation. Historically, the role of the guitar was primarily as an accompaniment for singing (the flamenco *cante*) and dancing (*el baile*), and its emergence as a solo instrument is more recent, owing much to the virtuosity of such great artists as Don Ramón Montoya (1880-1949). The music has now attained an extraordinary degree of technical virtuosity, employing a great variety of techniques and rhythmic forms, with an increasing range of scales and harmonies. The origins of flamenco in Spain stem from an amalgam of many ancient musical cultures; its continuing evolution has progressed with great rapidity in recent years, with influences which range from composers such as Falla to North African music and to jazz.

Traditionally, the Andaluz student of flamenco learns by direct imitation of his teacher and other players. More recently, as the learning of flamenco has extended beyond Andalucía, records have been used as source material, and students of the guitar have employed a simple method of tablature known as *cifra*. This provides a bare outline of the music by means of numbers on a six-line staff, where the six lines represent the strings of the guitar and numbers indicate the fret positions at which the left hand fingers stop the strings. Representation of flamenco in staff notation is now occurring more widely, usually in conjunction with *cifra*.

THE ROLE OF IMPROVISATION

The art of flamenco is improvisatory to the extent that the player is free to draw on his repertoire of music rather than adhering to a written score or standardized composition. The student starts by learning passages of rhythmic strumming (*rasgueo*) and melodic sequences (*falsetas*) which are pieced together to form solos and accompaniments. As the student progresses, he will learn a growing repertoire of these passages in an increasing number of rhythmic styles (*palos*) and keys. The more gifted player will add new elements and variations of his own invention which may be copied and then further varied by other players. True improvisation, in the sense of creating new music during a performance, is not a common occurrence in flamenco, but it is likely to become so, perhaps in the near future.

FLAMENCO SOLOS

The creation of flamenco solos usually occurs within the strict forms and structures of the *palos*. The guitar is used in both rhythmically percussive and melodic ways, and the skilled player needs to acquire many right and left hand techniques, which encompass all the skills of the 'classical' guitarist in single note runs, chords and arpeggios all over the finger-board, together with the distinctive and varied strumming techniques of *rasgueo* and some other characteristic flamenco techniques such as the thumb up-strokes of the *alzapúa*, the five-note *trémolo* and the tapping techniques of the *golpe*.

COMPÁS AND AIRE

Compás and *aire* are fundamental to flamenco music. The first term, *compás*, literally denotes a measure of rhythm and hence the pattern of beats and accents of a particular rhythmic form of flamenco (a *palo*). In its wider sense, however, *compás* means the rhythmic drive of flamenco music, an essential quality of metrical precision and propulsion which gives form and momentum to the music. It is expressed on the guitar and in singing (*el cante*), in dance (*el baile*) and hand-clapping (*palmas*), the tapping of feet (*taconeo*) or the beat of other percussive instruments such as the *cajón* (box) or the *bastón* (stick). Sometimes it has a metronomic regularity, while at others, particularly in accompanying, it encompasses an ability to vary the pace and timing of the rhythm in subtle ways within the overall structure in order to add emotional emphasis and variety.

Aire is the other essential element of flamenco. Literally meaning 'air' or 'atmosphere', the word denotes the quality of expressiveness, the characteristic regional flavor and the feeling of a performance, a feeling which can range from the tragic and profound of *flamenco jondo* to lighter, exuberant and carefree in tone (*flamenco chico*). *Aire* is also the word used to denote the unique expressiveness of an individual performer.

Without a real understanding of *compás* and *aire*, and the capacity to express these vital qualities on the guitar, a player will be imitating flamenco, perhaps even in a virtuosic and technically dazzling way, but his music will never come alive as the real thing. His *toque* (playing) will lack true musical value and will never greatly move the emotions or achieve those special moments of *duende* when flamenco touches the soul.

PALOS

Flamenco has many rhythmic forms, over 20 in number, mostly derived from a smaller number of basic forms, which include Soleares, Fandangos, Tangos, Bulerías and Seguiriyas. Each of these forms is called a *palo* (or sometimes a *toque*, though *palo* is the more flamenco term); it is characterised by a particular kind of metrical structure (its *compás*), and the use of one (or sometimes more) of the three main types of scale. These are the 'Spanish' or 'Andalusian' scale similar to the Phrygian mode, or the major or minor. Most *palos* are said to be *a compás*, because they have a recurring pattern of beats and accents. Some, mostly derived from the

Fandangos in different regional variants, are played without a regular beat throughout. These free-form styles are the *toques libres*. Traditionally the different *palos* are played in characteristic keys and left-hand positions on the guitar, whose pitch can be raised by the use of the flamenco capo or *cejilla*, which acts as a movable nut. Originally used to allow the guitarist to adjust to the favored key of a singer, the *cejilla* is now very widely used in flamenco playing to impart a particular tone and pitch to the guitar.

GRADE APPROACH TO THE FLAMENCO GUITAR

The main aim of this book is to give you a progressive series of pieces of flamenco music to play and enjoy – and to learn with. It does not aim to provide a complete teaching course, so you will not find a detailed description of techniques demonstrated in the video, nor of other important issues relating to the flamenco guitar, its music and history. A bibliography in the appendix at the back of the book (on page 160) provides details of the Juan Martín guitar method, *El Arte Flamenco de la Guitarra*. It also has details of another video series, *La Guitarra Flamenca*, which explores techniques and the individual *palos*.

The internationally-recognised grade system for other instruments, organised by the various music colleges and academies, includes technical exercises, such as scales and exercises in sight-reading, and other theoretical material, together with solos which are arranged in groups to allow candidates choice in their selection of pieces for performance in the examinations. This book offers an appropriate range of solos but not the other technical material. The student is not required to improvise or to add additional or alternative material for the performance of these grades.

A flamenco guitarist will learn to play in many different *palos*, but it cannot be expected that every *palo* should be included in every grade. The Soleá is a *palo* of such fundamental importance that it has been called "the mother of flamenco". It is included here in every grade as an integral starting-point which defines the minimum technical requirements of each grade. These **essential requirements** are listed on a title-page for each grade. Other requirements may be listed as essential, generally if they occur in three or more of the other solos for that grade. Each grade includes six other solos besides the Soleá. All are worth studying and learning, and they introduce other technical elements which are listed as **optional elements**. The student is advised to master the Soleá and at least three of the other six pieces before moving on to material of a higher grade. Requirements listed as optional elements for one grade will become essential requirements for a higher grade. Other suggestions about appropriate requirements and options for each of the grades are included on the title-page of the grade.

In every grade musical values are of pre-eminent importance. The technical elements are always means to an end, the creation of beautiful music which can move the emotions, a music with 'soul'. Such qualities are very obvious to the listener but not always easy to explain in words. The need to develop the capacity to play in a truly musical way is an important priority in the progress of technique, and is an essential requirement for every grade.

THE IMPORTANCE OF BASIC TECHNIQUES

In general, guitarists whose main interests lie elsewhere than in flamenco can gain much from a study of flamenco techniques, since they demand very careful attention to correct technique in both hands and a feeling for rhythmic structure, accuracy and propulsive energy not familiar to many musicians. Flamenco skills exploit both the percussive and melodic capacities of the guitar. They demand the adoption of good habits in both hands at an early stage. For this reason it is important to introduce right hand techniques such as *picado* (the alternating use of index and middle finger supported strokes in scale passages), rapid arpeggios and melodic passages with the thumb. In the left hand the use of the fourth finger is encouraged from the start to establish an appropriate "square-on" hand-position with the knuckles parallel to the fretboard and a relaxed wrist (which differs from the wrist position, sometimes using the thumb to stop notes on the sixth string, commonly used by rock and folk players), so that finger actions do not waste energy and are fast and efficient.

LOS ELEMENTOS DEL TOQUE FLAMENCO

LA TRADICIÓN AUDITIVA

La música de la guitarra flamenca se ha desarrollado como tradición auditiva en Andalucía, aprendida sin notación escrita. Históricamente, el papel de la guitarra ha sido para acompañar al cante flamenco y al baile, y su evolución como instrumento solista es más reciente, debida al virtuosismo de grandes tocaores como Don Ramón Montoya (1880-1949). La música de hoy ha alcanzado un nivel extraordinario de virtuosismo técnico, utilizando una gran diversidad de técnicas y de formas rítmicas, y con una gama de escalas y armonías cada vez más extendida. El origen del flamenco en Andalucía es producto de una amalgama de muchas antiguas culturas musicales; su evolución continuada ha adelantado con mucha rapidez en los últimos años, influenciada por muchas fuentes, desde compositores como Falla hasta la música de África del Norte y el jazz.

Tradicionalmente, el estudiante andaluz de flamenco aprende por imitación directa de su profesor y de otros tocaores. Últimamente, cuando el aprendizaje de flamenco se ha extendido fuera de Andalucía, los discos han sido usados como fuentes de material, y los estudiantes de la guitarra han utilizado un método sencillo de notación en cifras, que se llama la *cifra*. Éste proporciona un esbozo de la música por cifras escritas en seis líneas que representan las seis cuerdas de la guitarra; las cifras indican los trastes donde se colocan los dedos. La representación del flamenco por notación convencional de notas en un pentagrama se presenta ahora más a menudo, por lo general junto con la *cifra*.

EL PAPEL DE LA IMPROVISACIÓN

El arte flamenco de la guitarra es improvisado hasta el punto que el tocaor es dueño de inspirarse en su propio repertorio de música, sin partitura o composición fija. El estudiante empieza por aprender unos pasajes de rasgueo y de sequencias melódicas, que se llaman *falsetas*, y los estructura para crear sus propios solos y acompañamientos. Mientras su toque avanza, aprende un repertorio cada vez más grande de estos pasajes y de mayores cantidades de *palos* (estilos rítmicos del flamenco) y de tonos. Con el tiempo el tocaor de talento tocará nuevos elementos y variaciones compuestas por sí mismo, y esos pueden ser copiados y variados por otros tocaores. La verdadera improvisación, en el sentido de creación de música nueva durante una interpretación, no suele ocurrir muy a menudo en el flamenco, pero es probable que ésto aparecerá en el toque en el futuro o quizás dentro de poco.

SOLOS FLAMENCOS

La creación de solos flamencos normalmente aparece dentro de las formas estrictas de los palos. El guitarrista utiliza su instrumento de maneras percusivas y melódicas, y el tocaor hábil tiene que aprender muchas técnicas en las dos manos, las cuales abarcan toda la destreza del tocaor de la guitarra "clásica" en escalas de notas individuales, acordes y arpegios por todas partes del diapasón, junto a las técnicas diversas del rasgueo y otras técnicas características del flamenco como las notas del pulgar hacia arriba del *alzapúa*, el *trémolo* de cinco notas y las técnicas del *golpe*.

COMPÁS Y AIRE

En la música flamenca, el *compás* y el *aire* son fundamentales. El *compás* significa una medida del ritmo y por lo tanto la estructura de tiempos y acentos de una determinada forma rítmica del flamenco, que se llama un *palo*. En su sentido más amplio, el compás significa el impulso rítmico de la música flamenca, una calidad esencial de precisión métrica y de propulsión que le da a la música una forma y un ímpetu. Se expresa por la guitarra y por el cante, por el baile y por las palmas, el taconeo o el ritmo de otros intrumentos de percusión como el cajón o el bastón. A veces tiene el compás fijo del metrónomo, pero otras, especialmente en el acompañamiento, abarca la capacidad para variar la velocidad y el fraseo del ritmo de maneras sutiles dentro de la estructura total para que el tocaor pueda añadir una variedad y un énfasis emotivo.

Aire es el otro elemento esencial del flamenco. Significa las cualidades de expresividad, el soniquete de una región y la emoción de una interpretación, una emoción que podría oscilar entre lo trágico y profundo del flamenco *jondo* y la más ligera, despreocupada, eufórica emoción del flamenco *chico*. El aire también significa la expresividad única de un artista individual.

Sin comprender a fondo el compás y el aire, y la capacidad para expresar esas cualidades esenciales en la guitarra, un tocaor estará imitando el flamenco, quizás como un virtuoso y utilizando técnicas deslumbrantes, pero su música no tendrá nunca esa vivencia que tiene lo auténtico. Su toque carecerá de verdadero valor musical y no conmoverá nunca al oyente ni logrará aquellos momentos especiales del *duende* cuando el flamenco llega al alma.

PALOS

El flamenco dispone de muchas formas, más de veinte, que tienen su origen, por lo general, en una cantidad más pequeña de formas básicas que incluyen las Soleares, los Fandangos, los Tangos, las Bulerías y las

Seguiriyas. Cada una de estas formas se llama un *palo* (o a veces un *toque*, pero *palo* es el término más flamenco). Tiene una estructura característica (su compás) y utiliza uno (o a veces más) de los tres tipos más importantes de escalas musicales. Éstas son la escala "andaluza" (parecida al modo frigio) o la de la mayor o la menor.

La mayoría de los palos se describen como "a compás" porque tienen un ritmo fijo dentro de una estructura de tiempos y acentos repetidos. Otros *palos* se encajan en la categoría de *toque libre*. La mayoría tiene sus orígenes en el Fandango y sus variaciones regionales, y se tocan sin marcar un ritmo en todo el palo. Según tradición los palos se tocan en tonos distintos de la guitarra, cuyo tono puede ser subido por el uso de la cejilla, que funciona como hueso movible. El motivo original de la cejilla era para dar el tono propio al registro del cantaor, pero ahora se usa mucho en el toque flamenco para dar a la guitarra un tono preferido.

NIVELES EN LA ENSEÑANZA DE LA GUITARRA FLAMENCA

El objetivo principal de este proyecto es dar una serie progresiva de solos flamencos para tocar, disfrutar y para aprender. No intentamos proporcionar un curso completo de enseñanza, así que no se va a encontrar con una descripción detallada de las técnicas ilustradas por el video, ni de otras cuestiones importantes sobre la guitarra flamenca, su música y su historia. Una bibliografía en el apéndice al final del libro (p.160) proporciona los detalles del método didáctico de Juan Martín, *El Arte Flamenco de la Guitarra*, y también de otra serie de video, *La Guitarra Flamenca*, en la cual se exploran las técnicas y los palos individuales.

El sistema de niveles para otros instrumentos, conocido mundialmente y organizado por distintas academias de música, tiene ejercicios técnicos, como escalas y ejercicios de repentizar, y otro material teórico, junto con solos ordenados en grupos para permitir a los candidatos una elección de piezas para interpretar en el examen. Este libro ofrece una gama apropiada de solos pero no el material técnico. El estudiante no tiene que improvisar o tocar material adicional o alternativo para la interpretación de estos niveles.

Un tocaor flamenco aprenderá a tocar muchos palos distintos, pero no es posible incluir todos los palos en cada uno de los niveles. La Soleá es un palo de importancia tan fundamental que se ha llamado "la madre del flamenco". Por lo tanto, aquí está incluida como parte integrante e inicial de todos los niveles, la cual define los requisitos técnicos mínimos de cada nivel. Estos **requisitos esenciales** se enumeran en la carátula del nivel. Otros requisitos pueden ser nombrados como esenciales, por lo general si ocurren en tres o más de los otros solos del nivel. Todos los niveles incluyen seis solos aparte de la Soleá inicial. Vale la pena estudiar todos los solos y aprenderlos: éstos introducen otros elementos técnicos que están enumerados como **elementos optativos**. Es aconsejable que el estudiante llegue a dominar la Soleá y por lo menos tres de los otros seis solos antes de que pase al material de un nivel más avanzado. Los requisitos enumerados como elementos optativos de un nivel se harán requisitos esenciales de un nivel más alto. Otras sugerencias sobre requisitos apropiados y de opciones para cada nivel están incluidas en la carátula del nivel.

En todos los niveles, los valores musicales importan más que cualquier otra cosa. Los elementos técnicos son siempre un medio para lograr un fin: la creación de música de belleza que pueda estimular las emociones, una música con "soul". Tales cualidades son muy claras para el oyente pero no es fácil explicarlas en palabras. La necesidad de desarrollar la capacidad de tocar de una manera verdaderamente musical es una prioridad importante durante el progreso del toque, y es un requisito esencial para todos los niveles.

La importancia de las técnicas básicas

Por lo general esos guitarristas cuyas aficiones son de otras formas de música pueden sacar beneficios al estudiar las técnicas flamencas, puesto que requieren una atención muy detenida a las técnicas correctas de las dos manos y mucha comprensión para coger la estructura rítmica, la exactitud y la energía propulsiva desconocida por muchos músicos.

Las distintas técnicas flamencas se aprovechan de las capacidades percusivas y melódicas de la guitarra. Exige la adopción de buenas disciplinas para las dos manos desde el principio. Por lo tanto, es importante introducir técnicas para la mano derecha como el *picado*, arpegios rápidos y pasajes melódicos del pulgar. Para la mano izquierda el uso del meñique está fomentado desde el principio para establecer una postura correcta de la mano, con los nudillos paralelos al diapasón y con la muñeca izquierda relajada (lo cual es distinto de la postura de la muñeca utilizada a menudo por los guitarristas de rock y folk), y así los movimientos de los dedos no se malgastarán y serán rápidos y eficaces.

SYMBOLS AND NOTATION

NOTATION The music is transcribed in both standard staff notation and guitar tablature (*cifra*). For the sake of clarity, time-values of notes and details of fingering are indicated only in relation to the staff notation and have not been duplicated in the *cifra*.

Pitch is notated as relative to the capo (*cejilla*) where the latter is used, not as the actual pitch.

FINGERING Left hand fingering is indicated by numbers beside notes, with **0** denoting an open string and the fingers numbered **1** to **4**, e.g for an E major chord position:

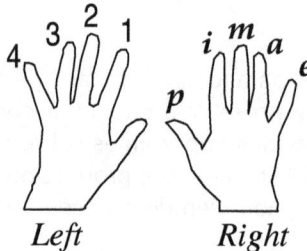

Left   Right

Right hand fingering:
- **p** = thumb (*pulgar*)
- **i** = index finger (*índice*)
- **m** = middle finger (*medio*)
- **a** = third or ring finger (*anular*)
- **e** = little finger, in rasgueos (*meñique*)

POSITION Ringed numbers beneath notes indicate string to be played: e.g. ⑤
Roman numerals above the staff indicate fret position relative to the capo (*cejilla*). **C** before a roman numeral denotes a first finger barré, e.g. **CV** means that the left index finger stops all six strings at the 5th fret. Small numbers written as a fraction before the **C** show the number of strings stopped by the first finger if the number is less than all six. Thus ⁴₆ **CV** indicates that the top four strings are stopped by the first finger.

CIFRA The six-line staff represents the six strings of the guitar with the first string at the top. Numbers on each line indicate the fret at which notes are played on that string, relative to the capo (*cejilla*) if the latter is used. **o** denotes open string.

RASGUEOS *Rasgueos* are strummed strokes.

A down-stroke, (towards the first string from bass to treble) is indicated by an arrow pointing upwards on the page.

This is an up-stroke, from treble to bass.

The arrows are drawn this way to show the order in which the strings are struck. The letter beneath each arrow in the notation and in the *cifra* shows the right hand finger which makes the stroke. The stroke of each finger is shown separately, in both the notation and the *cifra*. Time-values are shown in the notation. This allows an accurate representation of the rhythm in different forms of *rasgueo*. In the example (*right*), for instance, the accents fall on beats 1 and 2.

A slur above the staff and above the *cifra* links the strokes of the *rasgueo*.

A double arrow indicates a stroke made with two fingers (**m** and **a**) simultaneously:

A wavy line before a chord indicates that it is played as an arpeggio from bass to treble, so that the strings sound one after the other.

Here the wavy line has an arrow and the letter **p** beneath it, indicating that the arpeggio is played as a single stroke by the thumb from bass to treble.

Sometimes an arpeggio chord with the thumb is preceded by a fast *rasgueo* with the fingers, for example (*right*):

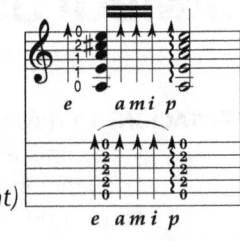

LIGADOS   A slur (a curved line) linking notes of different pitch indicates that the notes following the first note in the group are played only with the left hand by "pulling off" (to sound a lower note) or by "hammering on" (to sound a higher note). *Ligados* occur in many solos, including the first, e.g. (*below right*)

[Slurs for *ligado* are shown in both the notation and the *cifra*. A slur linking two notes of equal pitch, shown only in the notation, indicates that the time-value of the note first sounded is prolonged by the duration of the second, following usual notational convention]

GOLPE   The *golpe*, a tap on the *golpeador* (tapping plate) made with the ring
☐   finger, **a**, of the right hand, is shown by a square symbol above the beat in both the notation and the *cifra*. The tap may be made by itself or combined with an index finger or thumb down-stroke, as shown in the notation.

SLIDES   A short sloping line between two identical left hand fingering numbers in the music notation (or, in the *cifra*, between two different numbers on the same string) indicates that the second note is sounded by sliding with the left hand finger, without striking the string again. An example occurs near the end of the first solo, Primera Soleá, where the slide is made with the 4th (little) finger on the second string, from D sharp at the fourth fret up to F at the sixth (*see right*):

APAGADO   *Apagado* is the technique by which the sound of a chord is abruptly silenced by damping the strings with the right or left hand, immediately after a chord has been struck by a *rasgueo* stroke. When this is done by the left hand, the little finger is brought down lightly straight across the strings, thereby stopping them from sounding. When performed by the right hand the palm and palmar surface of the fingers stops the sound as the hand is brought down across the strings.

Apagados are indicated in the notation and the *cifra* by a vertical bracket across the staff immediately following the chord, with a 4 above it to indicate the 4th finger of the left hand, as shown (*right*):

Right hand *apagado* has R above the bracket:

CONTINUOUS RASGUEO   The continuous *rasgueo* at the end of the Zapateado on p.113 is played by very rapid repetition of the four-stroke *rasgueo* (**e,a,m,i,** consecutively). The many strokes of each finger are not shown in the notation or *cifra*. Instead the *rasgueo* is shown by the chords to be played, with a triple slash on the stem, as follows:

Capo. Jim Dunlop model

11

SÍMBOLOS Y NOTACIÓN

NOTACIÓN   La música se escribe en la notación convencional de notas en pentagramas y en cifras en el sistema flamenco que se llama la *cifra*. Por claridad, sólo la notación convencional indica los tiempos de las notas y la digitación de las manos. La *cifra* no los repite.

La notación del tono de las notas es siempre con relación a la cejilla, si ésta se utiliza.

DIGITACIÓN   Los números **1 – 4** al lado de las notas indican los dedos de la mano izquierda. **0** significa una cuerda al aire. Por ejemplo, la digitación de un acorde de **mi** mayor se escribe:

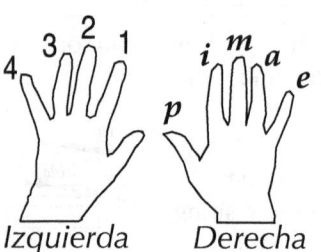

Los dedos de la mano derecha:
- **p** = pulgar
- **i** = índice
- **m** = medio
- **a** = anular
- **e** = meñique (en rasgueos)

POSICIÓN   Los números en círculos debajo de las notas indican la cuerda, por ejemplo: ⑤
Los números romanos encima del pentagrama indican el traste del índice con relación a la cejilla. **C** antes de un número romano indica un *barré* del índice izquierdo. Por ejemplo, **CV** significa que el índice aprieta todas las seis cuerdas en el 5º traste. Números pequeños como un quebrado antes de la **C** indican la proporción de cuerdas que aprieta el índice cuando el número es menos de seis. Por ejemplo, ⁴₆ **CV** indica que el índice aprieta las cuerdas 1 – 4.

CIFRA   Las seis líneas de la *cifra* representan las seis cuerdas de la guitarra en orden, con la primera superior. Los números sobre la línea representan los trastes donde se tocan las notas, otra vez con relación a la cejilla si ésta se utiliza. **o** significa una cuerda al aire.

RASGUEOS   *Rasgueos* son notas rasgueadas por las uñas de los dedos de la mano derecha. Las flechas indican el movimiento de cada uno de los dedos;
indica un rasgueo (de una "nota", como se llama en nuestro texto) tocado por un dedo hacia abajo, de los bordones hacia las tiples;

indica un rasgueo hacia arriba, de las tiples hacia los bordones.

Las flechas son dibujadas así para indicar el orden en el cual se tocan las cuerdas. La letra debajo de cada flecha (en la notación así como en la *cifra*) indica el dedo de la mano derecha que hace la "nota" del rasgueo. El movimiento de cada uno de los dedos se escribe por separado (otra vez en la notación y la *cifra*). Sólo la notación convencional indica el tiempo del rasgueo. Este método de notación puede indicar exactamente las formas diversas de los rasgueos y el fraseo del ritmo. Como, por ejemplo, la notación (a la derecha) indica que se acentúa en los tiempos 1 y 2. Una ligadura encima de las flechas vincula las "notas" del rasgueo.

Una flecha doble indica un rasgueo tocado por dos dedos, **m** y **a**, simultáneamente, hacia abajo.

Una línea ondulada antes de un acorde indica un arpegio rápido de los bordones hacia las tiples – así las cuerdas suenan en secuencia.

Cuando la línea ondulada tiene una flecha y la letra **p** debajo, indica un acorde arpegiado del pulgar hacia abajo (de los bordones hacia las tiples).

A veces un rasgueo rápido de los dedos precede a un acorde arpegiado del pulgar, por ejemplo (*a la derecha*):

LIGADOS Un *ligado* (indicado por una línea curvada que liga notas distintas) indica que sólo se toca con la mano izquierda después de pulsar la primera nota. Los dedos hacen presión en la cuerda o tiran a través de la cuerda para que suenen las notas ascendentes o descendentes, respectivamente. Los *ligados* ocurren en muchos solos, como el primero que se ve a la derecha:

[Las líneas curvadas del *ligado* han sido escritas en la notación y también en la *cifra*. Las ligaduras que juntan notas de tono igual, para indicar que el tiempo de las dos notas se suman, han sido escritas sólo en la notación]

GOLPE Un símbolo cuadrado encima del tiempo en la notación y en la *cifra* indica el *golpe*, hecho por el dedo anular de la mano derecha que golpea contra el golpeador. Los *golpes* pueden ser tocados solos o unidos con rasgueos de índice o de pulgar hacia abajo, como indica la notación.

☐

GLISANDO (*Slides*) Una línea corta e inclinada entre dos números iguales en la notación convencional (o entre dos números desiguales en la *cifra*) indica un *glisando*. Un dedo de la mano derecha toca la primera nota pero no la segunda, que suena cuando el dedo de la mano izquierda se desliza a un traste más alto.

Hay un ejemplo cerca del final del primer solo, Primera Soleá, en donde el meñique de la mano izquierda hace el glisando en la segunda cuerda, desde **re** sostenido en el 4º traste hasta **fa** en el 6º.

APAGADO El *apagado* es una técnica por la cual el sonido de un acorde es apagado rápidamente por la mano derecha o izquierda, inmediatamente después de un rasgueo. En el *apagado* de la mano izquierda, es el meñique que apaga el sonido de las cuerdas, apretando ligeramente a través de las cuerdas, formando un ángulo recto. Para el *apagado* de la mano derecha, hay que apagar el sonido con la palma y los dedos por encima de las cuerdas.

Los *apagados* están indicados en la notación y en la *cifra* por un corchete vertical a través de las líneas del pentagrama o de la *cifra* después de un acorde. El número **4** encima del corchete indica el uso del meñique para un *apagado* de la mano izquierda:

y una **R** para la mano derecha:

RASGUEO CONTINUO Al final del Zapateado hay un pasaje de rasgueo continuo tocado por rasgueos de cuatro "notas" (*e,a,m,i*, consecutivamente) repetidos muchas veces muy rápidamente. En lugar de las flechas de las muchísimas notas de cada dedo, la notación indica los acordes con tres barras oblicuas para representar los rasgueos:

Cejilla tradicional

PLAYING NOTES   GRADE 0

THE GUITAR

The diagram below shows the standard tuning of the guitar. For the Sevillana in Grade 1 the 6th (bass E) string is tuned down to D. It will be helpful if you have a tuning fork, pitch-pipe or electronic tuner to help you obtain the correct pitch, tightening the string until the note sounds the same as the tuner. You will need a nylon-string

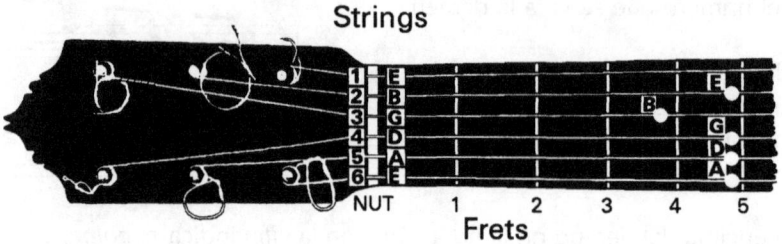

guitar but not necessarily a special flamenco model to start with. You will also need a capo (*cejilla*), which acts as a movable nut to set the tuning of the strings to a higher pitch. When one is required, the fret position for it is indicated in the music. You will need to protect the face of the guitar with a tapping plate or *golpeador* when you play the *golpe* taps. [The diagram shows a traditional flamenco head with wooden pegs. The head design of each maker is unique. The head shown is of a 1974 guitar by Gerundino Fernández of Almería].

PRIMERA SOLEÁ   P. 18 AUDIO TRACK 1

The Soleá (or Soleares, to use the plural form) is such an important basic *palo* or rhythmic form of flamenco that it introduces each of our grades. This first Soleá follows the classic form, built up from 6- and 12-beat phrases. It introduces the characteristic 'Spanish' flamenco scale (similar to the Phrygian mode) and important techniques for each hand. For the left hand there are simple chord positions (E major, chords related to F major, and C and G), octaves and *ligados* ('tied' notes). For the right hand there are arpeggiated *rasgueo* ('strummed') and *apoyando* strokes (literally 'leaning on' or 'supporting' - so-called because the striking thumb or finger comes to rest on the next string) with the thumb. There are also melody notes played *apoyando* with *i* and *m* and others played *tirando* ('pulling' strokes, where the string is plucked without coming to rest on the next string). The first melodic passage is an example of a *falseta* in the old style, starting with repeated 6-beat phrases before a 12-beat passage, and the second *falseta* introduces octaves. A new twist to this traditional form is the slide on the fourth finger in bar 19. To play this accurately you will need your left hand to be in the correct position, with the knuckles parallel to the strings. The correct hand position will bring the tip of the little finger nearer the strings. This finger may feel very weak and sluggish to start with, but it will become stronger with practice.

TIENTOS (ANHELO)   P. 21 AUDIO TRACK 2

The Soleá used the flamenco scale in the *por arriba* ('up') position, based on the E major chord shape. This Tientos uses the same scale in the *por medio* ('middle') position based on the A major chord shape. The melody is all played with the thumb, which must become strong for flamenco. The rhythm is very important here and you will need to listen to the music closely to get the right feel. As in much of flamenco the rhythm cannot be easily written exactly in notation. Your ears need to get stronger, too!

SEVILLANA (COPLA TRADICIONAL)   P. 22 AUDIO TRACK 3

Sevillanas are Andalusian songs and dances which may or may not use the flamenco scales. This traditional one does not. Here the key is A minor, with two new chords (Ami, E7) for the left hand. It follows the traditional form with a passage of rhythm followed by an introduction to the melody, called the *salida* ('departure' or 'start') then the verse (the *copla*) which is played three times, using the thumb. For the right hand there are *rasgueo* up- and down-strokes: down-strokes by *m* and *a* together and by the index, upstrokes by the index and by the thumb. As with all the solos it is vital to get the rhythm right before you try to build up speed. A metronome will be helpful.

VERDIALES (MÁLAGA, MI TIERRA)   P. 24 AUDIO TRACK 4

The melody at the start and end of this piece will probably already be familiar to you. The verse in the middle is characteristic of the Verdiales, based on G7, C and F chord shapes, before returning to the flamenco scale based on E. The new techniques here include alternating thumb and index strokes and the *picado* with alternating *i* and *m apoyando* strokes for the melody of the verse. The 4th finger stops G sharp at the fourth fret on the bass string, and this provides another check that your left hand is in the correct position, so that you can reach it quickly and easily. The piece also introduces the first use of the four-stroke (*e, a, m, i*) *rasgueo* with the accented beat on the final stroke by the index.

Alegrías en Mi (Alborozo) Fast and slower versions   p. 26 Audio Tracks 5, 6

This Alegrías is mainly in the key position of E major, and it introduces another important new chord shape of B7. The four-stroke *rasgueo* is introduced six times to give emphasis to the rhythm, which is similar to that of the Soleá. In both, the accents traditionally fall on beats 3, 6, 8, 10 and 12 in the 12-beat passages. The melodies are made up of 6- and 12-beat sequences. The second *falseta* is based on a diminished chord and on E and A major chords, with the thumb playing arpeggio across the strings from bass to treble. Often in flamenco the left hand adopts a basic chord position and melody notes are introduced around this, as here.

Tangos (Festejo) Fast and slower versions   p. 28 Audio Tracks 7, 8

The flamenco Tangos are quite different from the Argentinian dance of the same name. This piece is based on the *por medio* flamenco scale and has a rhythmic structure of a steady four beats to the bar. The solo introduces the use of the *golpe* tap, here played combined with thumb down-strokes. The use of thumb up-strokes alternating with down-strokes by *m* and *a* together shows how a powerful rhythmic drive can be developed from simple techniques. The final *rasgueo* is new. This time a four-stroke *rasgueo* (*e,a,m,i*) leads into an arpeggiated down-stroke by the thumb, which carries the accent.

Guajira (Fiesta Cubana)   p. 30 Audio Track 9

Built around A major (and A6, with F sharp added on the first string), E7 and D major chord shapes, the piece contains the essence of this Latin-American-inspired *palo*. The rhythm is very characteristic, with alternating bars of 3/4 and 6/8 time giving a special lilt. It introduces another very important kind of *rasgueo*, with five-strokes (*e,a,m,i,i*), of which the final stroke by the index, which carries the accent, is an up-stroke. This may be too advanced for the beginner, and it is possible to play a four-stroke *rasgueo* (*e,a,m,i*) instead. Both kinds of *rasgueo* occur in the music, and are interchangeable.

NOTAS SOBRE EL TOQUE   NIVEL 0

LA GUITARRA

El diagrama abajo enseña la afinación normal de la guitarra. Para la Sevillana del nivel 1 la 6ª cuerda (el bordón **mi**) está afinada en **re**. Será útil si tiene el alumno un afinador, un pito o flauta de lengüeta o un afinador electrónico para ayudar a conseguir el tono correcto. Se tensa la cuerda hasta que la nota suene igual que el afinador. Hay que tener una guitarra con cuerdas de nylon, pero al principio no es imprescindible tener una construida especialmente para el flamenco. Hace falta una cejilla, que sirve como un hueso movible para afinar las cuerdas en un tono más alto. Cuando haya necesidad, la partitura enseñará el traste en el cual se coloca. Se necesita también un golpeador para proteger la tapa de la guitarra cuando se ejecuta un *golpe*.

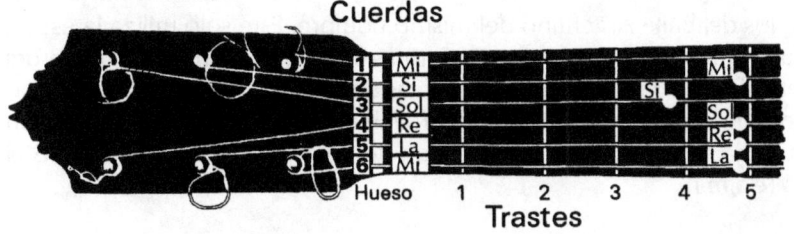

[El dibujo ilustra una cabeza tradicional con clavijas de madera. El diseño de la cabeza de la guitarra de cada guitarrero es único. La cabeza ilustrada es de una guitarra de 1974 del guitarrero almeriense, Gerundino Fernández]

Primera Soleá   p. 18 Audio Tema 1

La Soleá (o Soleares en plural) es un palo, o forma rítmica, de flamenco tan importante que introduce cada uno de nuestros niveles. Esta primera Soleá es de forma clásica, creada por frases musicales de 6 y 12 tiempos. Introduce la escala flamenca característica (parecida al modo frigio) y técnicas importantes para las dos manos. Para la mano izquierda hay posturas sencillas de acordes (**mi** mayor, acordes relacionados con **fa** mayor, **do** y **sol**), octavas y notas ligadas (el *ligado*). Para la mano derecha hay notas de pulgar, rasgueadas y arpegiadas y la técnica *apoyando*, así llamado porque el dedo o el pulgar que toca la cuerda apoya contra la cuerda próxima después de pulsar. Hay notas melódicas tocadas *apoyando* por *i* y *m,* y otras tocadas *tirando* (llamado así porque el dedo puntea la cuerda sin apoyar contra otra cuerda). El primer pasaje melódico es un ejemplo de una falseta tocada en estilo antiguo, empezando con frases repetidas de 6 tiempos antes de un pasaje de 12 tiempos, y la segunda falseta introduce las octavas. Un elemento nuevo aquí en esta forma tradicional es el *glisando* tocado con el dedo 4 en la barra 19. Para tocar ésto con precisión la mano izquierda tiene que estar en la posición correcta, con los nudillos paralelos a las cuerdas. La postura correcta de la mano llevará la punta del meñique más cerca de las cuerdas. Dará la impresión, quizás, de que este dedo es muy torpe y débil al principio, pero se hace más fuerte con la práctica.

Tientos (Anhelo)   P. 21 Audio Tema 2

La Soleá utilizó la escala flamenca en la posición que se llama *por arriba*, la postura del acorde de **mi** mayor. Estos Tientos utilizan la misma escala en la posición que se llama *por medio*, la postura del acorde de **la** mayor. El pulgar, que debe hacerse fuerte para el flamenco, toca la melodía. El compás aquí es muy importante y hay que escuchar detenidamente la música para entender el ritmo exacto. Así como en mucha música flamenca, no es fácil escribirlo en notación. ¡El oído también necesita hacerse más fuerte!

Sevillana (Copla tradicional)   P. 22 Audio Tema 3

Las Sevillanas son cantes y bailes andaluces que utilizan a veces, pero no siempre, las escalas flamencas. En este ejemplo tradicional no las usa. En este caso, el tono es **la** menor, con dos nuevos acordes para la mano izquierda (**la** menor y **mi**7). La forma del solo es tradicional con un pasaje de ritmo seguido por una introducción de la melodía que se llama la *salida*, luego la *copla* que se toca tres veces, utilizando el pulgar. Para la mano derecha hay rasgueos hacia abajo y hacia arriba: hacia abajo de *m* y *a* conjuntos y del índice, hacia arriba del índice y del pulgar. Así como en todos los solos, es muy importante que consiga el alumno el ritmo correcto antes de que intente aumentar la velocidad. Un metrónomo puede ayudar mucho.

Verdiales (Málaga, mi tierra)   P. 24 Audio Tema 4

Es probable que pueda reconocer la melodía al principio y al final de este solo. La copla es característica de los Verdiales, y está basada sobre acordes en las posturas de **sol**7, **do** y **fa** mayor, antes de volver a la escala flamenca basada en **mi**. Las nuevas técnicas aquí abarcan notas con el pulgar y el índice alternando y el *picado* (apoyando) con *i* y *m* alternando en la melodía de la copla. El dedo 4 aprieta la 6ª cuerda en el 4º traste (**sol** sostenido), lo que prueba otra vez que la mano izquierda está en la postura correcta, para que la nota venga al alcance rápida y fácilmente. El solo introduce también, al final, el primer uso del rasgueo de cuatro notas (*e, a, m, i*), con el acento en la última nota del índice.

Alegrías en Mi (Alborozo) Versiones rápida y más lenta   P. 26 Audio Temas 5, 6

Este solo se toca, en su mayor parte, en la postura del tono de **mi** mayor. Introduce otra postura de acorde importante de **si**7. El rasgueo de cuatro notas se toca seis veces para poner énfasis al ritmo, que es parecido a la Soleá. En los dos palos, según tradición, los tiempos 3, 6, 8, 10 y 12, en el compás de 12 tiempos, llevan los acentos. Las melodías están compuestas de secuencias de 6 y de 12 tiempos. La segunda falseta se basa en un acorde disminuido y en los acordes de **mi** y de **la** mayor, con un arpegio de pulgar a través de los bordones hacia las tiples. En la guitarra flamenca la mano izquierda a menudo adopta una postura básica de un acorde y las notas de melodía se introducen alrededor de ésta – éste es el caso aquí.

Tangos (Festejo) Versiones rápida y más lenta   P. 28 Audio Temas 7, 8

Los Tangos flamencos son muy distintos a los del baile Argentino del mismo nombre. Este solo utiliza la escala flamenca *por medio*, y tiene una estructura rítmica marcada de cuatro notas a la barra. Introduce el uso del *golpe*, aquí golpeado junto con la nota del pulgar hacia abajo. El uso de notas de pulgar hacia arriba alternando con notas de *m* y *a* conjuntas hacia abajo demuestra cómo puede desarrollarse un potente pulso rítmico con técnicas sencillas. El último rasgueo es nuevo. Esta vez una nota arpegiada de pulgar hacia abajo, llevando el acento, sigue un rasgueo de cuatro notas (*e,a,m,i*).

Guajira (Fiesta Cubana)   P. 30 Audio Tema 9

Creada en las posturas de acordes de **la** mayor (y **la**6 con **fa** sostenido tocado en la 1ª cuerda), **mi**7 y **re** mayor, la pieza contiene la esencia de este palo de origen latinamericano. El ritmo es muy característico, alternando barras de tiempo 3/4 y 6/8 para crear una cadencia especial. Introduce otro tipo de rasgueo muy importante, con cinco notas (*e,a,m,i,i*), acentuando la última nota del índice hacia arriba. Es posible que este rasgueo sea demasiado avanzado para el principiante, y es posible tocar un rasgueo de cuatro notas (*e,a,m,i*) en su lugar. Los dos tipos de rasgueo aparecen en la música escrita y son intercambiables.

NIVEL 0

A. REQUISITOS ESENCIALES

RASGUEO (ver **Símbolos y Notación**, p.12)
El pulgar tocando cuatro cuerdas en un golpe (llamado aquí una 'nota') hacia abajo, y arpegiado.
El rasgueo de una nota tocado con el dedo índice hacia abajo y hacia arriba, sobre 4 o 5 cuerdas.
Notas hacia abajo tocadas por *m* y *a* juntos.
Notas del pulgar tocadas hacia abajo y hacia arriba.
El rasgueo de cuatro notas (*e,a,m,i*) acentuando la última nota.

OTROS, MANO DERECHA

El *picado* hecho con los dedos índice y medio *apoyando*.
Falsetas de pulgar (corcheas).
Las octavas tocadas con el pulgar y el dedo índice, simultáneamente.
El pulgar *apoyando* en tres cuerdas seguidas.
El dedo índice *tirando* (corcheas sencillas).
Los acordes tocados por *p,i,m*.

MANO IZQUIERDA

Los acordes* de **mi** mayor (= M), **fa** M7 y **fa**9 (cuatro cuerdas), **do** M, **sol** M, **la** M.
Los *ligados* de dos o tres notas ligadas (corcheas).
Todo esto está en la primera posición salvo un glisando con el dedo meñique (4) desde el traste 4º hasta el 6º, luego al 5º (Ésto es para establecer la postura correcta de la mano).

B. ELEMENTOS OPTATIVOS

RASGUEO

El rasgueo de cuatro notas seguido por un acorde arpegiado por el pulgar hacia abajo, o por una nota tocada por el índice hacia arriba.
El rasgueo de cinco notas acentuando la última nota.
Los *golpes* (hechos con el dedo anular de la mano derecha sobre el golpeador) individuales o que coinciden con el pulgar en una nota hacia abajo.
Notas arpegiadas del pulgar tocadas sobre cinco cuerdas desde la 5ª hasta la primera.

OTROS, MANO DERECHA

El *picado* hecho con los dedos índice y medio *apoyando* y alternando cada nota.
Falsetas de pulgar (semicorcheas).
El pulgar arrastrado sobre cinco cuerdas.
Acordes tocados, *tirando,* por *a,m,i* simultáneamente.

MANO IZQUIERDA

Los acordes* en las posturas de **la** menor, **mi**7, **si**7 (5 cuerdas), **mi** disminuido, **si** bemol sobre cuatro cuerdas (dos de ellas al aire), **la**6, **re** M, acordes con notas que se ejecutan de paso.
El meñique en el 4º traste, de la 1ª, 5ª y 6ª cuerdas.

* **NOTA:** Los nombres de los acordes y las notas en esta lista de requisitos para este nivel y los siguientes se refieren a las posturas de los acordes o a la posición de los dedos, no al tono concreto, que sería subido por la cejilla, si se utiliza.

GRADE 0

A. ESSENTIAL REQUIREMENTS

RASGUEO (see **Symbols and Notation** p.10)
Arpeggiated down-strokes with thumb across four strings.
Down- and up-strokes with index finger across four or five strings.
Down-strokes with *m* and *a* together.
Down-strokes and up-strokes with thumb.
Four-stroke *rasgueo* with *e,a,m,i*, with accent on the fourth stroke.

OTHER, RIGHT HAND

Picado supported strokes (*apoyando*) with index and middle finger.
Melody notes with thumb (quavers).
Octaves with thumb and index finger together.
Consecutive thumb *apoyando* across three adjacent strings.
Tirando strokes with index (single quavers).
Chords played with *p,i,m*.

LEFT HAND

Chords* of E major, F maj7 and F9 (4 strings), C major, G major, A major.
Ligados with two or three tied notes (quavers).
All in first position except for one slide with 4th finger from 4th to 6th fret, then back to 5th fret (to establish correct hand position).

B. OPTIONAL ELEMENTS

RASGUEO

Four-stroke *rasgueo* followed by arpeggiated thumb down-stroke, or by index up-stroke.
Five-stroke *rasgueo* with accent on the fifth stroke.
Golpe taps (played with right hand third finger on *golpeador*) alone or coinciding with down-strokes with thumb.
Arpeggiated down-stroke with thumb across top five strings.

OTHER, RIGHT HAND

Picado with alternating index and middle (*i* and *m*) fingers in quavers.
Melody notes with thumb (semiquavers).
Consecutive thumb *apoyando* across 5 strings.
Tirando chords with *a,m,i.*

LEFT HAND

Chords* in the position of A minor, E7, B7 (5 strings), E dim, B flat on four strings (two of them open), A6, D major, chords with passing notes.
4th finger stops 1st, 5th and 6th strings at the 4th fret.

* **NOTE:** the naming of chords and notes in this and subsequent descriptions of grade requirements refers to chord 'shapes' or 'positions' rather than to the actual pitch of the notes, which will be raised by the capo (*cejilla*), if it is used.

GRADE NIVEL 0

Primera Soleá

First Soleá

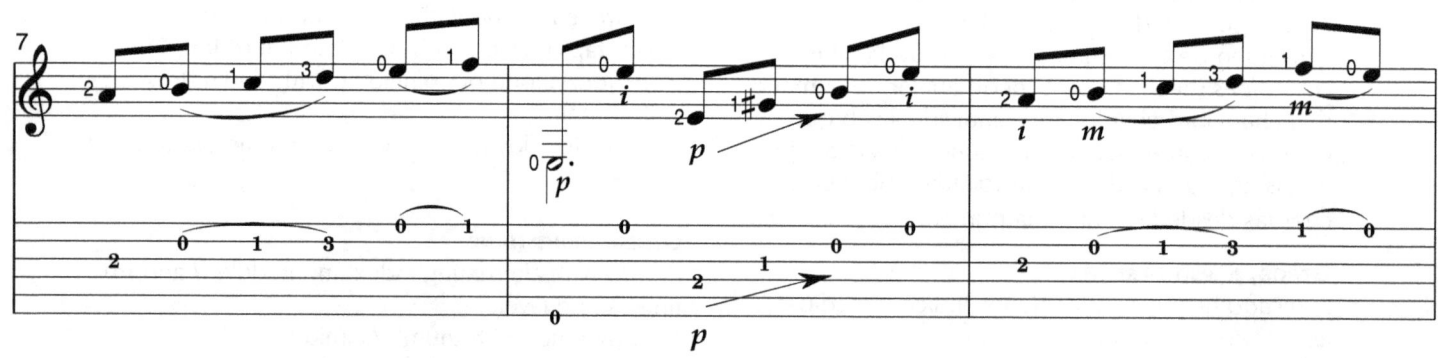

© Copyright 2001 *Juan Martín Music*
MCPS/PRS MUSIC ALLIANCE

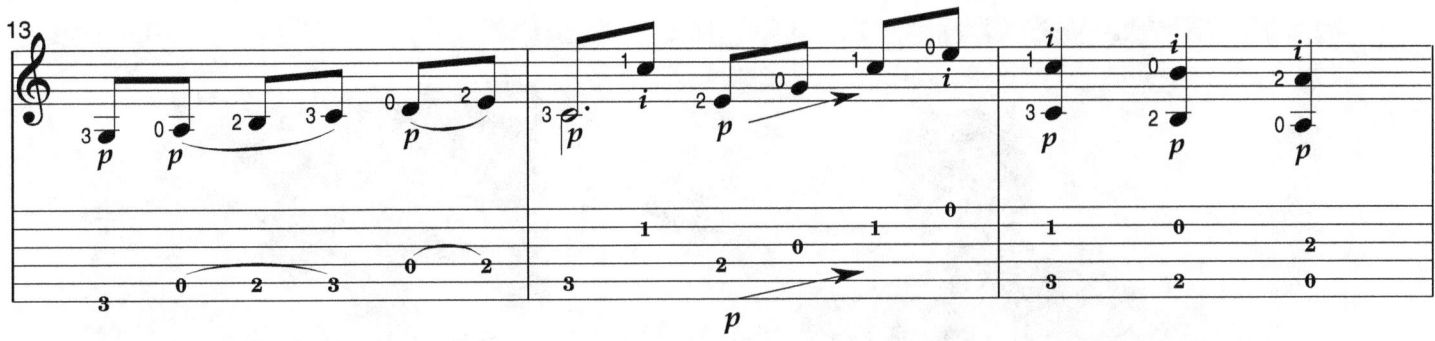
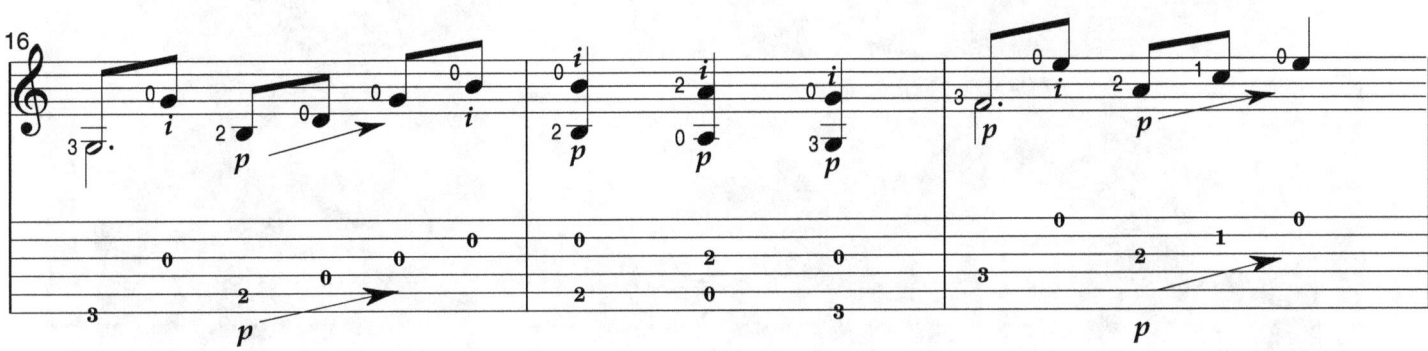
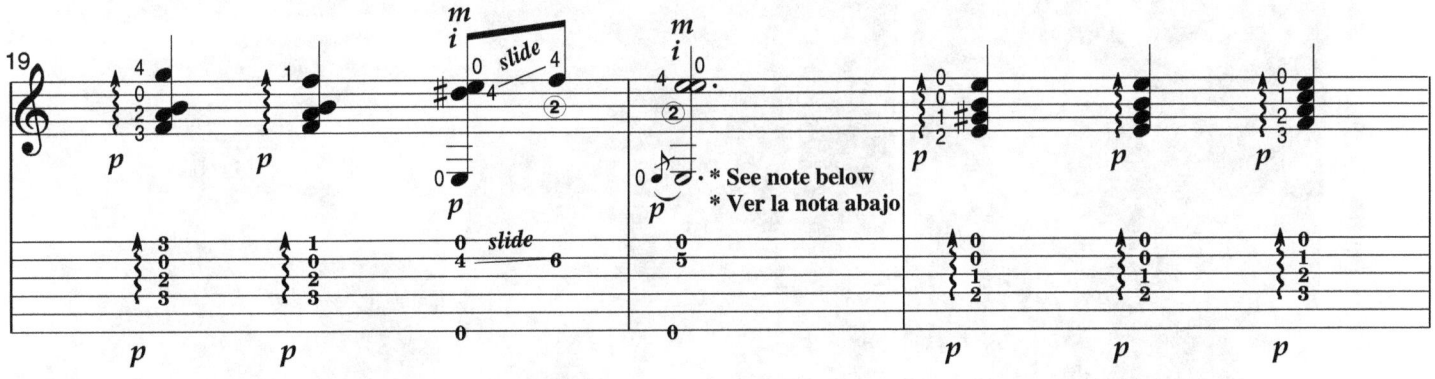

* The notation shows that the thumb plays the bass string, E, very slightly before the higher notes.
* La notación indica que se toca el bordón, **Mi**, con el pulgar un poquitín antes de las tiples.

Grade / Nivel 0   Primera Soleá

1962–77 MÁLAGA, MADRID, LONDON.

"La maquinilla" para practicar (¡antes de dejar de fumar!)

Tientos

Anhelo (Yearning)

GRADE / NIVEL 0

With melancholy - con tristeza

All with thumb
Todo con el pulgar

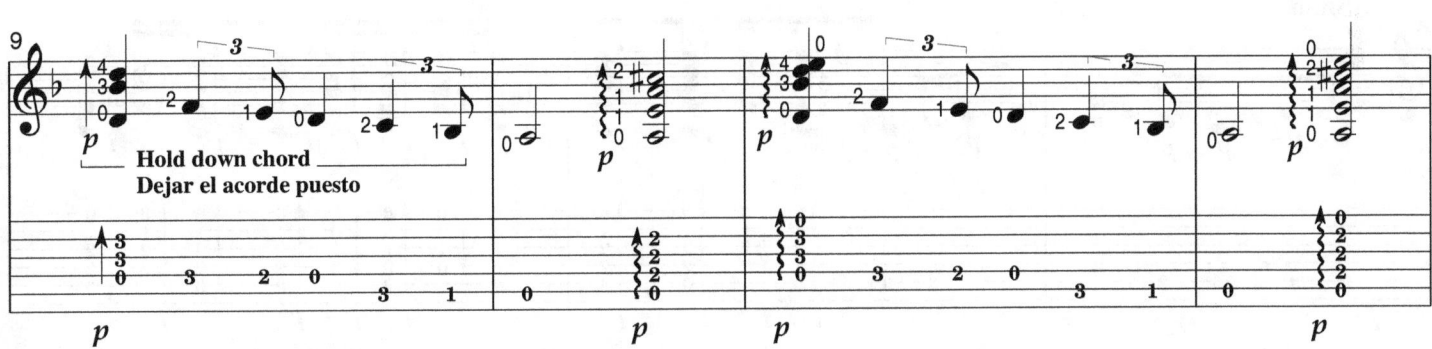

Hold down chord
Dejar el acorde puesto

© Copyright 2001 *Juan Martin Music*
MCPS/PRS MUSIC ALLIANCE

Sevillana
Copla tradicional

GRADE / NIVEL 0

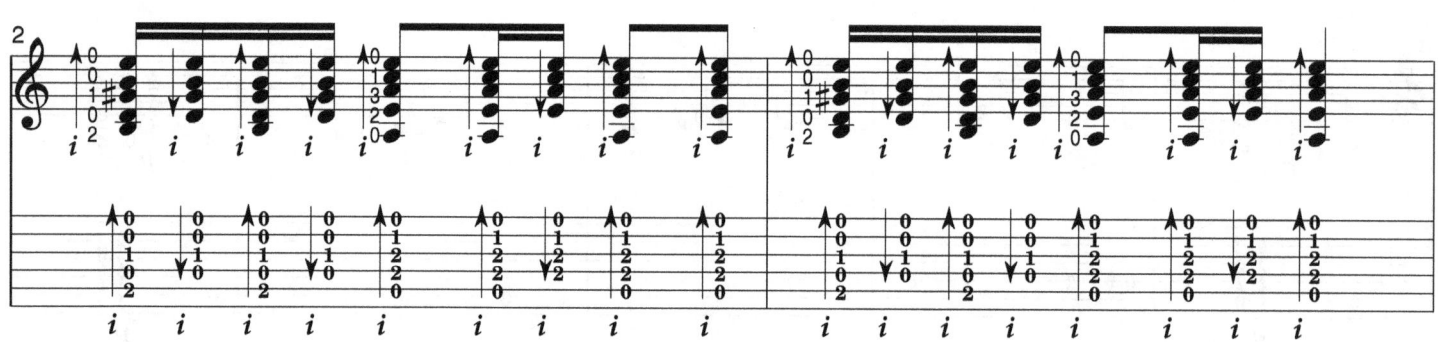

Salida

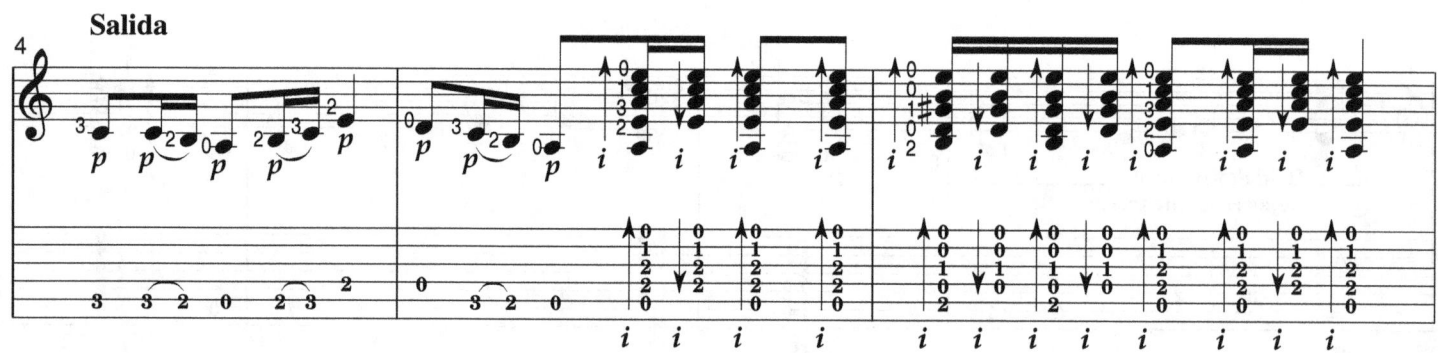

Copla

All with thumb
Todo con el pulgar

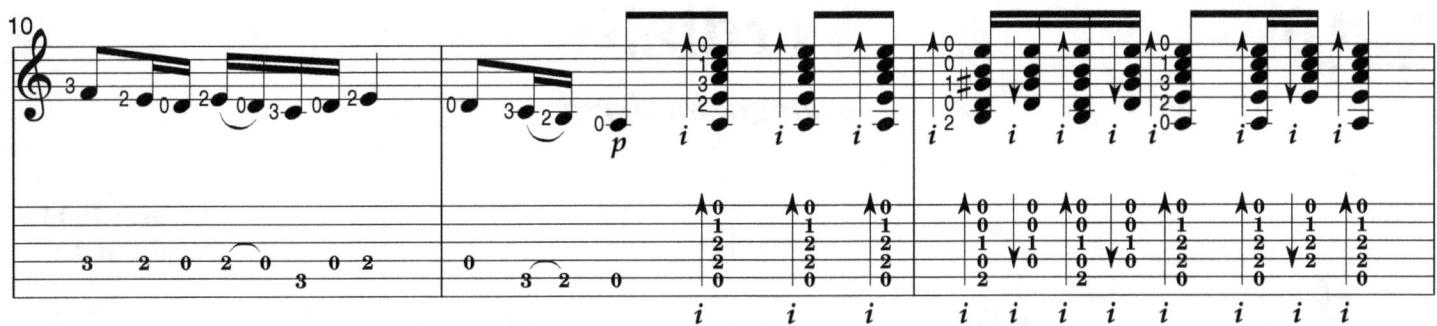
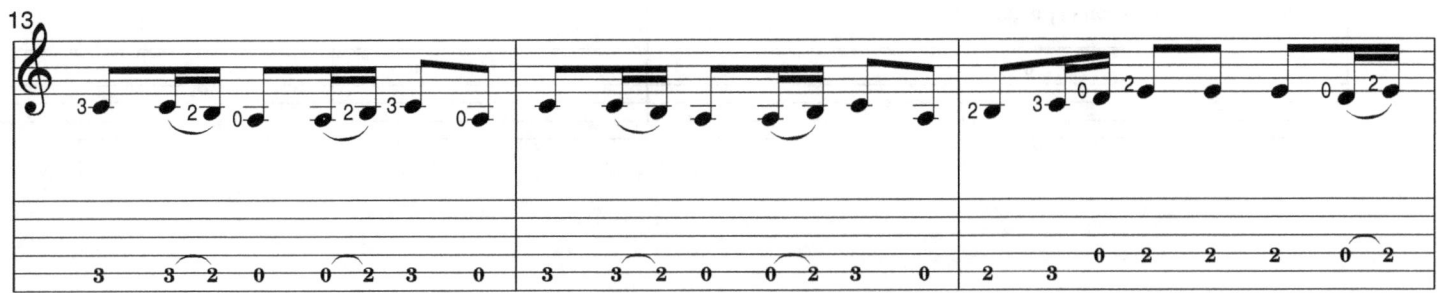
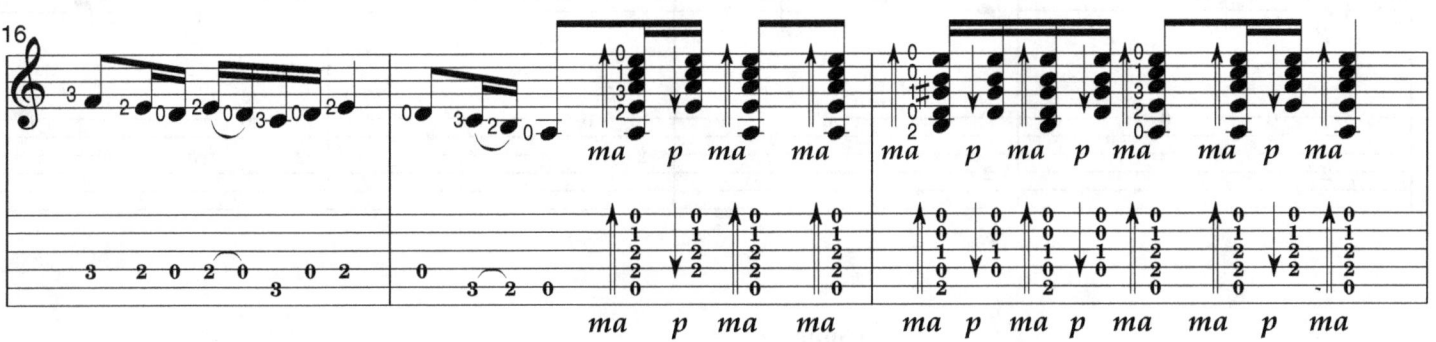
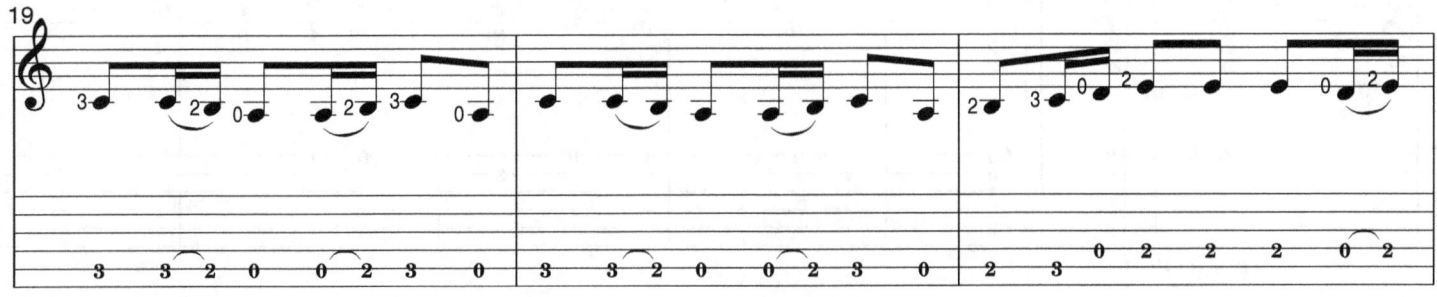
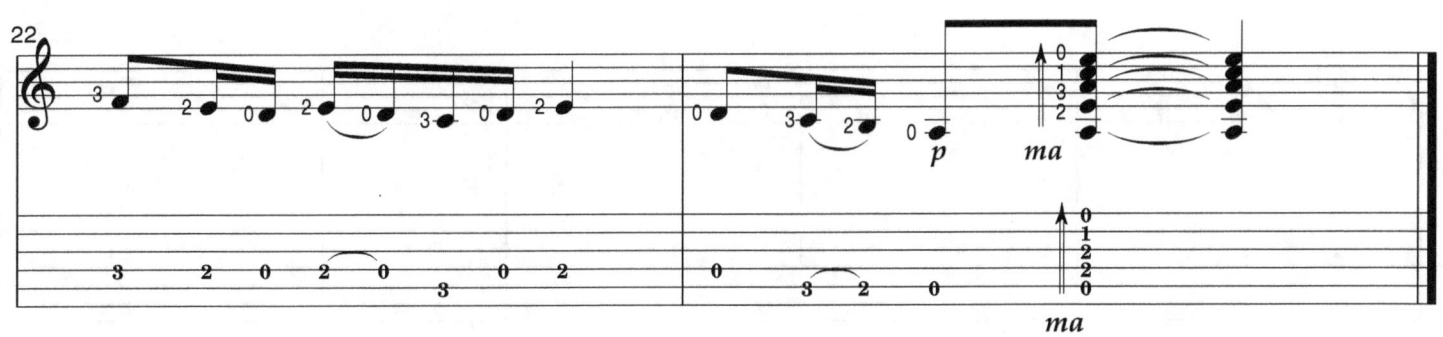

Grade / Nivel 0 Sevillana

Verdiales
Málaga, mi tierra

GRADE / NIVEL 0

Capo at 2nd fret
Cejilla al dos

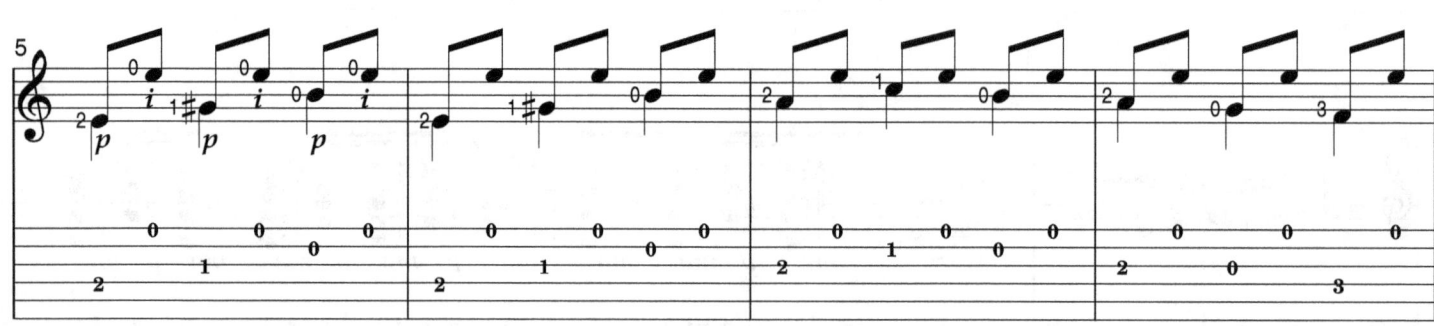

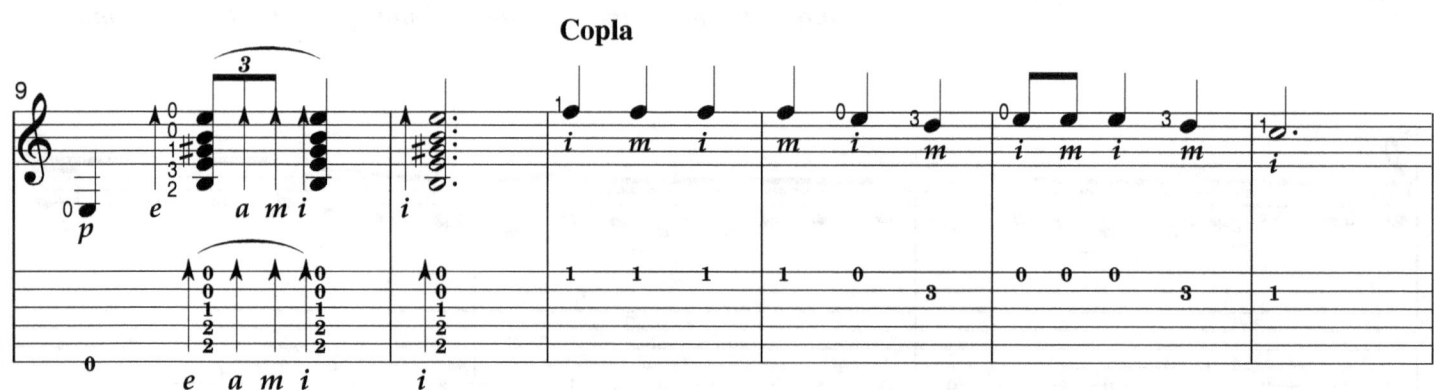

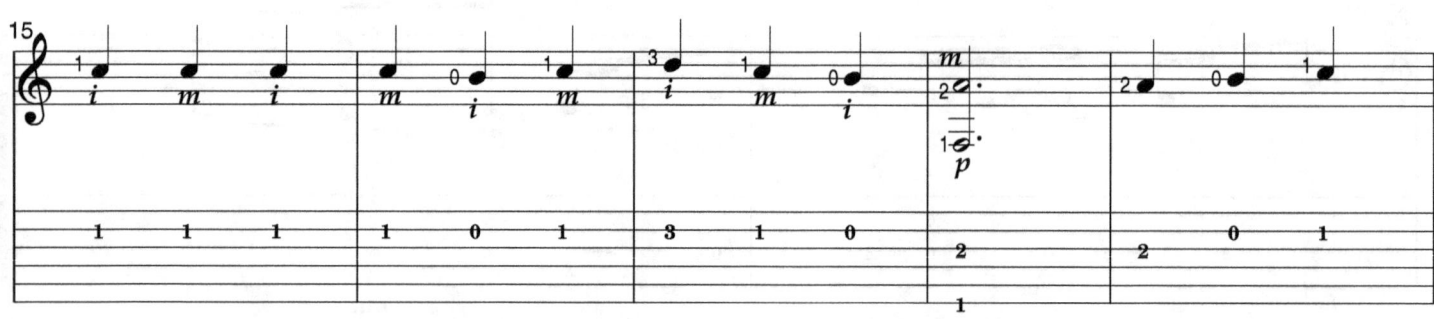

Alegrías en Mi
Alborozo (Jubilation)

SLOWER VERSION

Capo at 2nd fret
Cejilla al dos

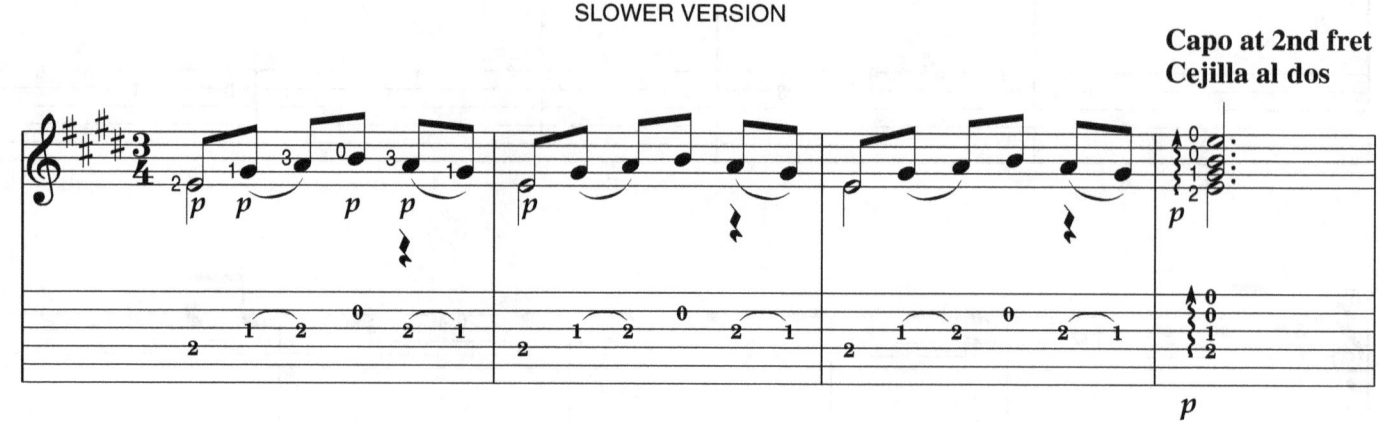

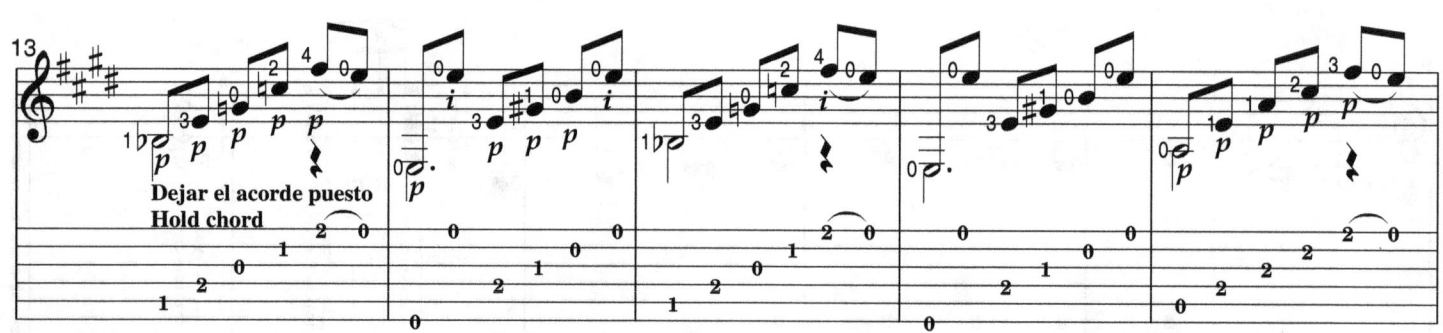

Dejar el acorde puesto / Hold chord

© Copyright 2001 Juan Martín Music
MCPS/PRS MUSIC ALLIANCE

Tangos

Festejo (Celebration)

FASTER VERSION

Capo at 2nd fret
Cejilla al dos

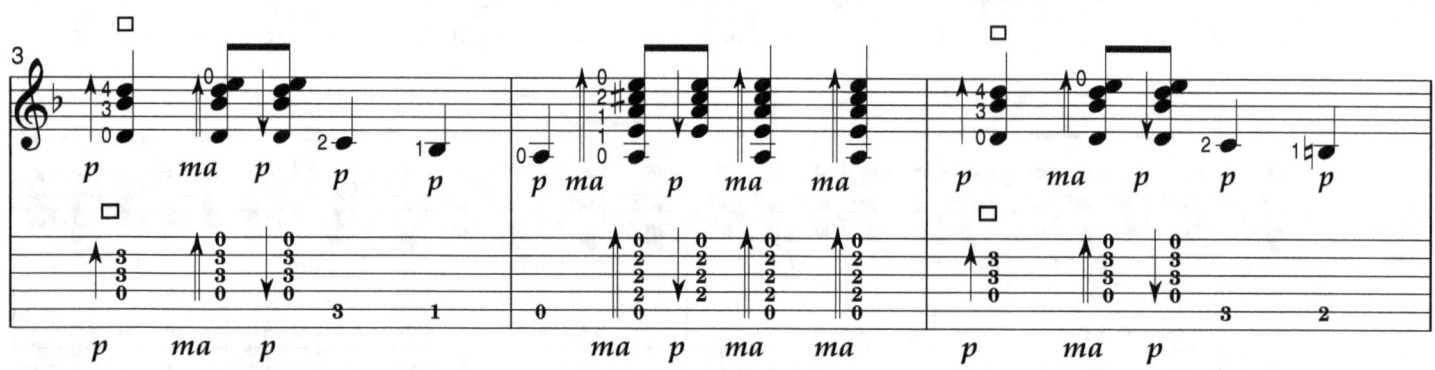
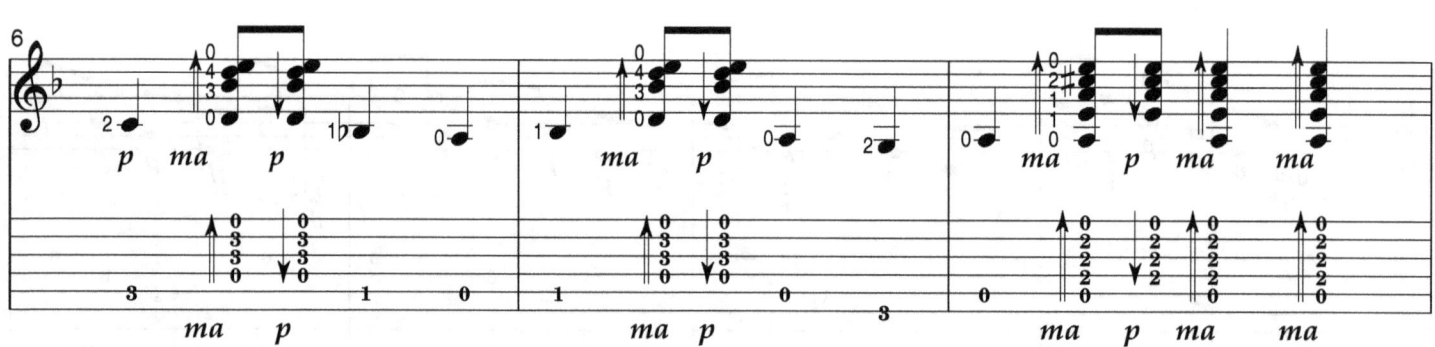
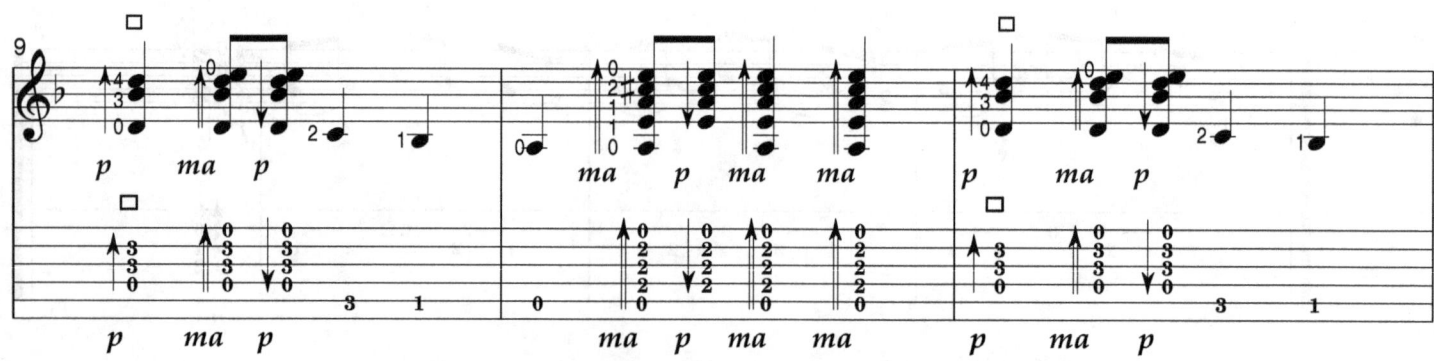

© Copyright 2001 *Juan Martin Music*

MCPS/PRS MUSIC ALLIANCE

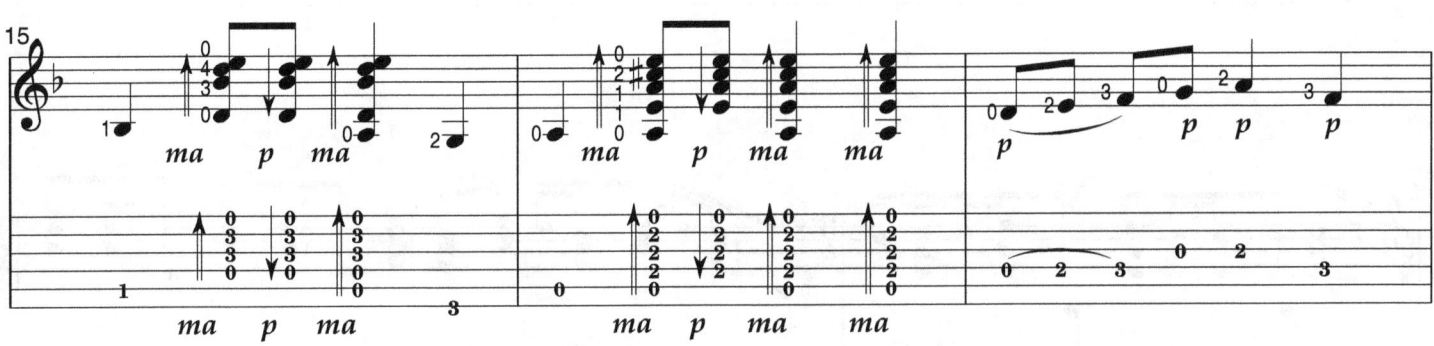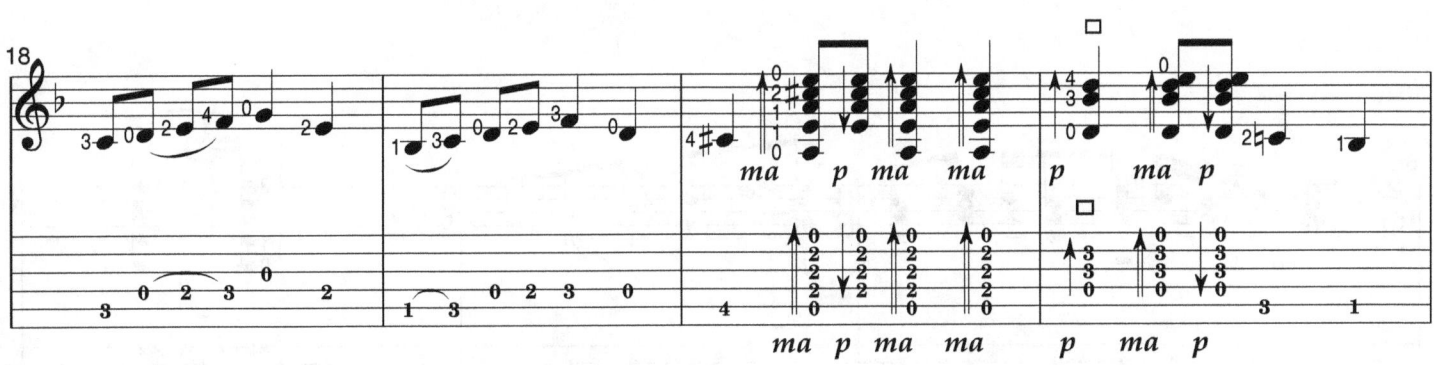

Guajira
Fiesta cubana

GRADE / NIVEL 0

Capo at 2nd fret
Cejilla al dos

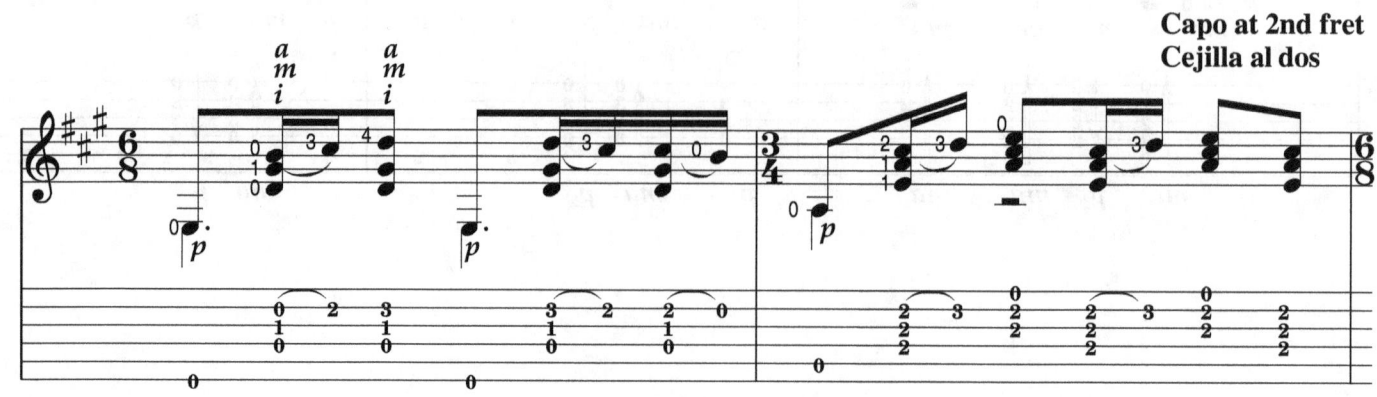
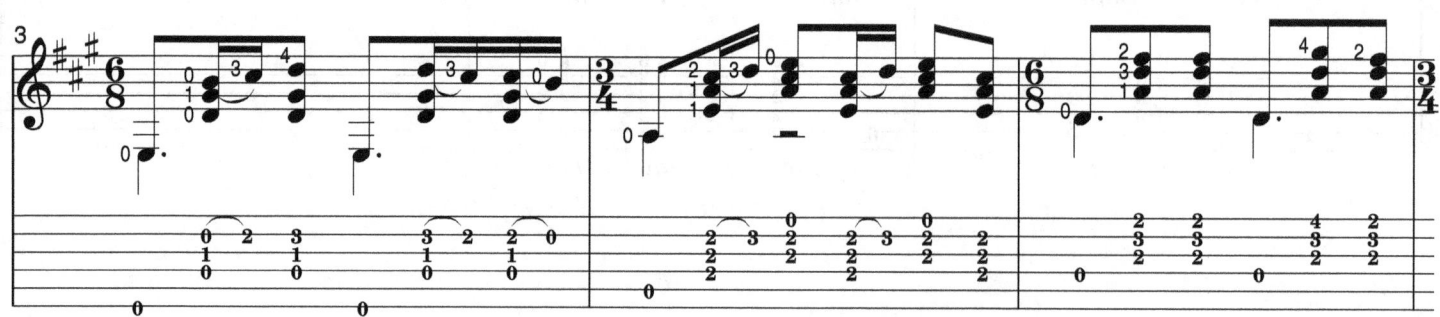
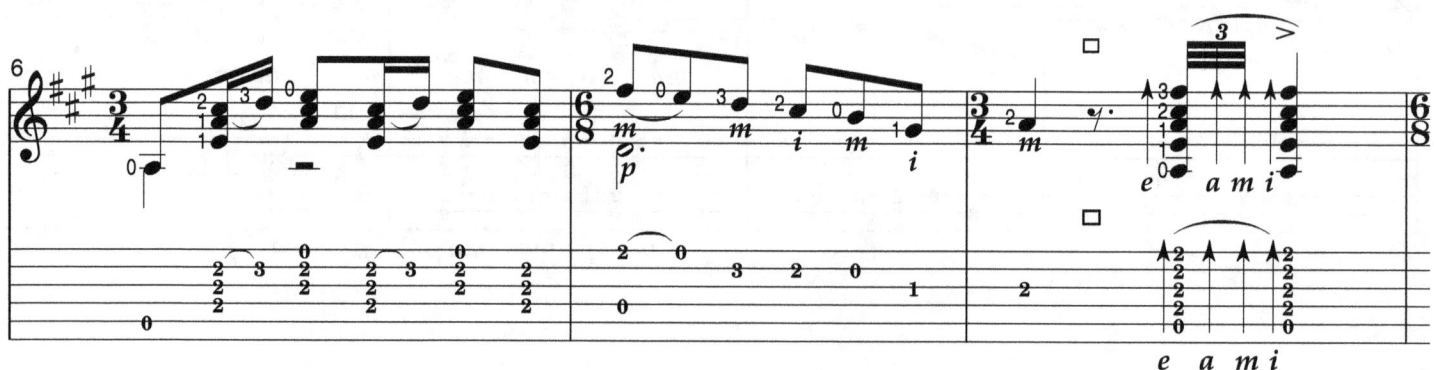
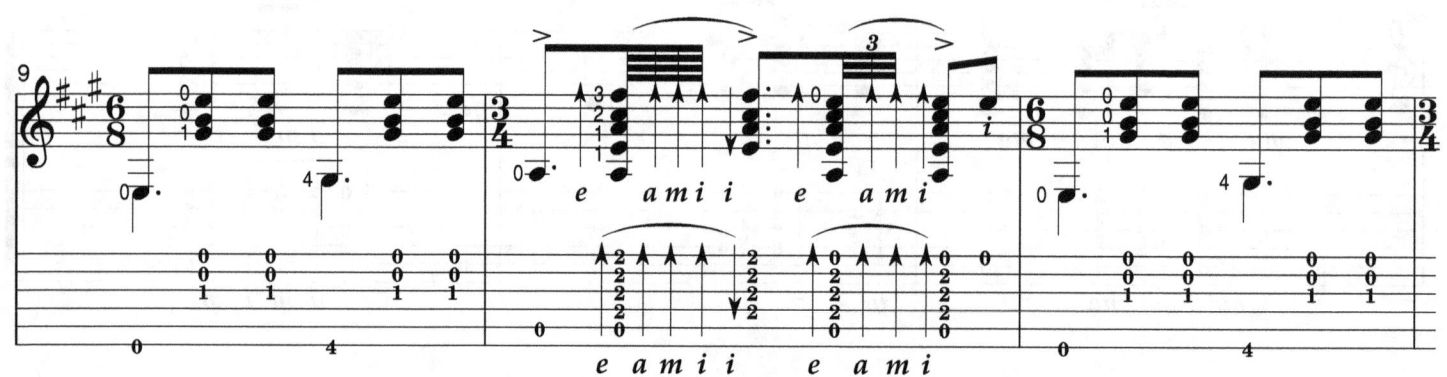

Carlos Martín

Juan Martín, Raquel de Luna, David Morales, Antonio Aparecida (cantaor).

NIVEL 1

A. REQUISITOS ESENCIALES

Incluir todos los requisitos esenciales para el nivel 0.

Rasgueo

El rasgueo de cuatro notas seguido por una nota tocada por el índice hacia arriba.
Notas arpegiadas de pulgar sobre cuatro cuerdas alternando con el índice (*tirando*), en tiempo de corcheas.

Otros, mano derecha

El arpegio de *p,i,m* (en tresillos) y *p,i,a,m* (corcheas).
El uso del anular *tirando* a tiempo de corcheas y el pulgar *apoyando* la nota anterior.

Mano izquierda

La mano se mueve brevemente al tercer traste.
El uso del dedo 4 en la 4ª cuerda en el 3er traste (*ligado* incluido) y la 3ª cuerda en la 4º traste.
Los *ligados* tocados con el dedo meñique.

B. ELEMENTOS OPTATIVOS

Toque libre.
Afinar la sexta cuerda en **re**.

Rasgueo

Los *golpes* hechos simultáneamente con el índice hacia abajo.
Tresillos tocados por el índice hacia abajo y hacia arriba con *ligados* entre medio.
Notas del índice hacia abajo y hacia arriba en semicorcheas.

Otros, mano derecha

El arpegio en compás de Rumba (3:3:2).
El *arrastre* con el dedo anular desde la 1ª cuerda hasta la 6ª.
El arpegio de *p,i,m,i* (semicorcheas).
Los acordes tocados por *p,i,m,a*.

Mano izquierda

Los *ligados* tocados en tresillos.
Ligados en la 6ª cuerda.
Los acordes de **la**7, **do** sostenido M, **si** bemol (5 cuerdas), acordes de **re** menor, **fa** mayor tocado en los bordones.
Un pasaje melódico tocado en la segunda posición.

GRADE 1

A. ESSENTIAL REQUIREMENTS

Include all essential requirements for Grade 0.

Rasgueo

Four-stroke *rasgueo* followed by index up-stroke.
Arpeggiated thumb strokes on four strings followed by index *tirando* in quavers.

Other, right hand

Arpeggios with *p,i,m* (triplets) and *p,i,m,a* (quavers).
Use of third finger *tirando* in quavers with preceding *apoyando* thumb stroke.

Left hand

Hand moves briefly to third position.
Use of 4th finger to stop third fret on fourth string (including *ligado*) and fourth fret on third string.
Ligados played with fourth finger.

B. OPTIONAL ELEMENTS

Toque libre.
Tune 6th string to D.

Rasgueo

Golpes combined with index down-strokes.
Triplets with index down- and up-strokes and intervening *ligado*.
Index down- and up-strokes in semiquavers.

Other, right hand

Arpeggio in Rumba rhythm (3:3:2).
Arrastre with third finger from treble to bass.
Arpeggio with *p,i,m,i* (semiquavers).
Chords played with *p,i,m,a*.

Left hand

Ligado hammering-on and pulling-off in a triplet.
Ligado on sixth string.
A7, C sharp major, B flat (5 strings), D minor chord positions, F major chord on lower strings.
Melodic passage in 2nd position.

PLAYING NOTES   GRADE 1

SOLEÁ (SIMPLE FALSETAS) SLOW AND FASTER VERSIONS   P. 36 AUDIO TRACKS 10, 11

You have already met most of the techniques used in this piece. There is more use of the fourth finger of the left hand, to stop the fourth fret on the third string, playing a *ligado* at the third fret on the fourth string and adding an F to the E major chord in the *rasgueos* near the end to provide a very flamenco dissonance. The use of the capo facilitates the little finger of the left hand, reducing its stretch. The piece introduces simple arpeggios with *p*, *i* and *m* and also takes your left hand briefly to the third position, indicated by a **III** above the notation. In this position the whole hand has moved upwards two frets, so that the first finger stops the D at the third fret on the second string. The *falsetas* are traditional.

FANDANGO DE ALOSNO   P. 38 AUDIO TRACK 12

With the capo (*cejilla*) now at the fifth fret, and the *por medio* key, we get a very exciting flamenco sound in this piece which is nearly all *rasgueo*. Listen carefully to the triplet feel of the rhythm which makes it 'swing'. A new technique here is the use of the *golpe*, alone, followed by an index up-stroke, and there are also *golpes* combined with index down-strokes. Coordination of the index and third fingers of the right hand so that they move in opposite directions on the beat takes practice. You will notice that the four-stroke *rasgueos* are written with small grace notes for the first three (*e,a,m*) strokes. This is to indicate that they are played very quickly, with the beat falling on the final index down-stroke.

RUMBA (CANCIÓN POPULAR)   P. 40 AUDIO TRACK 13

We are again in the *por arriba* Phrygian mode based on E. Three new features are introduced here. First there is the characteristic rhythm of the flamenco Rumba with the eight half-beats of each four-beat bar accented on 1, 4 and 7. For the right hand there is the *arrastre*, in which the third finger is dragged across the strings, to sound a rapid arpeggio from treble to bass. There are also chords played with *i* and *m* or *p*, *i* and *m* together.

TANGOS (IMPULSO)   P. 42 AUDIO TRACK 14

In this second Tangos the rhythmic passages of *rasgueo* show a fully developed use of the four-stroke *rasgueo*. The *falseta* is played with the thumb on the lower strings and again needs careful attention to the phrasing of the rhythm.

CARCELERO   P. 44 AUDIO TRACK 15

This piece is notated without bar-lines because it is played in free time as a *toque libre,* without a firm or regular rhythmic beat. It is in the key of A major. It introduces the chord shape of C sharp major, C#M (= D♭M) which has the same chord shape as the C major chord you have already met, but moved up to the second position. It is important to convey the right phrasing and feeling of this song, made famous by Manolo Caracol, and to bring out the beautiful sonority of the guitar.

FARRUCA (RHYTHM OF THE DANCE)   P. 45 AUDIO TRACK 16

The Farruca is played in a minor key, most commonly in the A minor position, as here, with a strong four-beat rhythm. The new technique here is the use of repeated *p,i,m,i* in the arpeggios of the first *falseta*.

SEVILLANA (MI COPLA)   P. 48 AUDIO TRACK 17

For this piece, a new composition, the sixth string is tuned down a whole tone to D, which gives the guitar a rich sonority for playing in the key position of D minor, followed by D major after the second playing of the melody. The *copla* is played with the thumb. The *rasgueos* are more fully developed than in the earlier Sevillana, and are interspersed with three- and four-note *tirando* chords in the rhythm passages.

NOTAS SOBRE EL TOQUE   NIVEL 1

SOLEÁ (FALSETAS SENCILLAS) VERSIONES LENTA Y MÁS RÁPIDA   P. 36 AUDIO TEMAS 10, 11

Ya hemos aprendido la mayor parte de las técnicas de este solo. Hay más uso del meñique de la mano izquierda, para apretar la 3ª cuerda en el 4º traste, tocando un *ligado* en la 4ª cuerda en el 3er traste y añadiendo la nota de **fa** al acorde de **mi** mayor en los rasgueos cerca del final. Esto crea una disonancia muy flamenca. El uso de la cejilla en el 3er traste ayuda la abertura del dedo meñique. La pieza introduce arpegios sencillos de *p*, *i* y *m* y también lleva la mano izquierda brevemente a la tercera posición, indicada por **III** encima de la notación. En esta posición la mano entera ha movido la distancia de dos trastes, así que el índice aprieta **re** en la 2ª cuerda en el 3er traste. Las falsetas son tradicionales.

FANDANGO DE ALOSNO   P. 38 AUDIO TEMA 12

Con la cejilla puesta ahora en el 5º traste, y en el tono *por medio*, tenemos un sonido flamenco muy emocionante en este solo, que está compuesto casi sólo de ritmeo. Escuchar cuidadosamente el sentido del ritmo en tresillos que le da ese "swing". Una nueva técnica aquí es el uso de *golpes* individuales, seguidos por notas del índice hacia arriba, y también golpeados junto con la nota del pulgar hacia abajo. La coordinación del índice y del anular de la mano derecha debe ser de tal forma que se muevan a tiempo, en direcciones opuestas – ésto requiere práctica. Los rasgueos de cuatro notas se escriben con notas pequeñas (adornos) para las primeras tres notas, *e*,*a*,*m*. Ésto indica que se tocan muy rápidamente, acentuando la última nota de índice hacia abajo.

RUMBA (CANCIÓN POPULAR)   P. 40 AUDIO TEMA 13

Otra vez estamos tocando *por arriba* en el modo frigio en el tono de **mi**. Aquí se introducen tres nuevos elementos. En primer lugar está el ritmo característico de la Rumba flamenca, con ocho corcheas de cada compás de cuatro negras, acentuadas en los tiempos 1, 4 y 7. Para la mano derecha hay un *arrastre*, en el cual el dedo anular arrastra a través de las cuerdas, sonando un arpegio rápido de las tiples hacia los bordones. También hay acordes tocados por *i* y *m* o *p*, *i* y *m* juntos.

TANGOS (IMPULSO)   P. 42 AUDIO TEMA 14

En esta segunda versión de los Tangos los pasajes rítmicos de rasgueo enseñan el uso desarrollado del rasgueo de cuatro notas. La falseta se toca con el pulgar en los bordones y otra vez hay que prestar atención al fraseo del ritmo.

CARCELERO   P. 44 AUDIO TEMA 15

La notación no tiene barras de compás porque la composición se toca como un *toque libre*, sin compás. Está en la postura de **la** mayor. Introduce la postura del acorde de **do** sostenido mayor, **do** ♯ M (= **re**♭) que tiene la misma postura del acorde de **do** mayor que ya hemos aprendido, pero subida un traste a la segunda posición. Es importante expresar el fraseo y la emoción correcta de este cante hecho famoso por Manolo Caracol, y sacar esa sonoridad tan divina de la guitarra flamenca.

FARRUCA (RITMO DEL BAILE)   P. 45 AUDIO TEMA 16

La Farruca se toca en un tono menor, por lo general en la postura de **la** menor, lo que es el caso aquí, con un compás marcado de cuatro tiempos. La nueva técnica aquí es el uso de *p,i,m,i* repetido en los arpegios de la primera falseta.

SEVILLANA (MI COPLA)   P. 48 AUDIO TEMA 17

Para este solo, una nueva composición, hay que afinar la sexta cuerda en **re**, bajándola un tono, lo cual le da a la guitarra una sonoridad rica en el tono de **re** menor, seguido por **re** mayor después de la segunda copla. Se toca la falseta con el pulgar. Los rasgueos son más avanzados que en la Sevillana anterior, y hay acordes de tres y cuatro notas tocados *tirando*, intercalados en los pasajes de ritmo.

GRADE NIVEL 1

Soleá

Falsetas sencillas (Simple falsetas)

FASTER VERSION

Capo at 3rd fret
Cejilla al tres

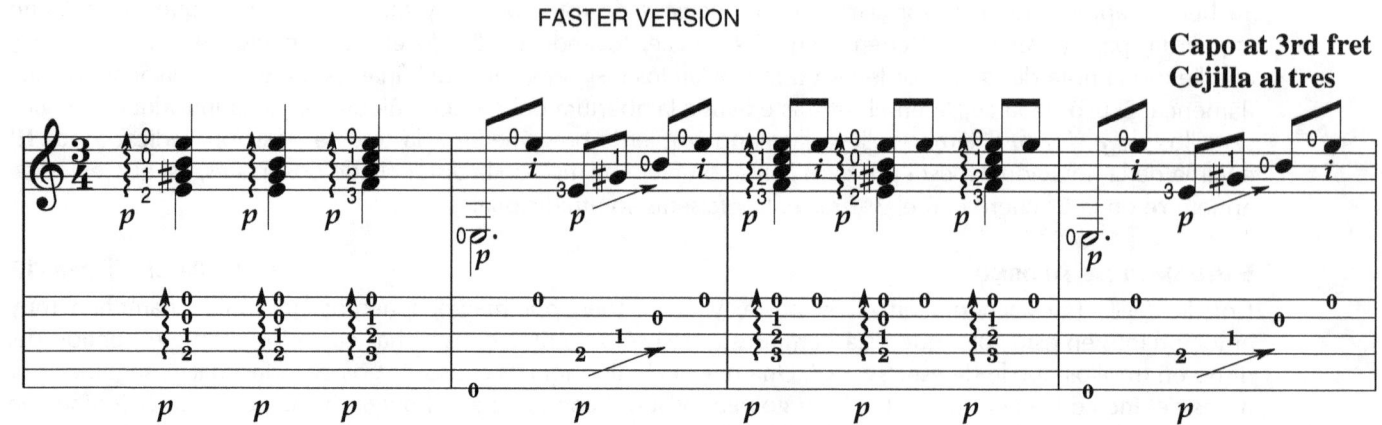

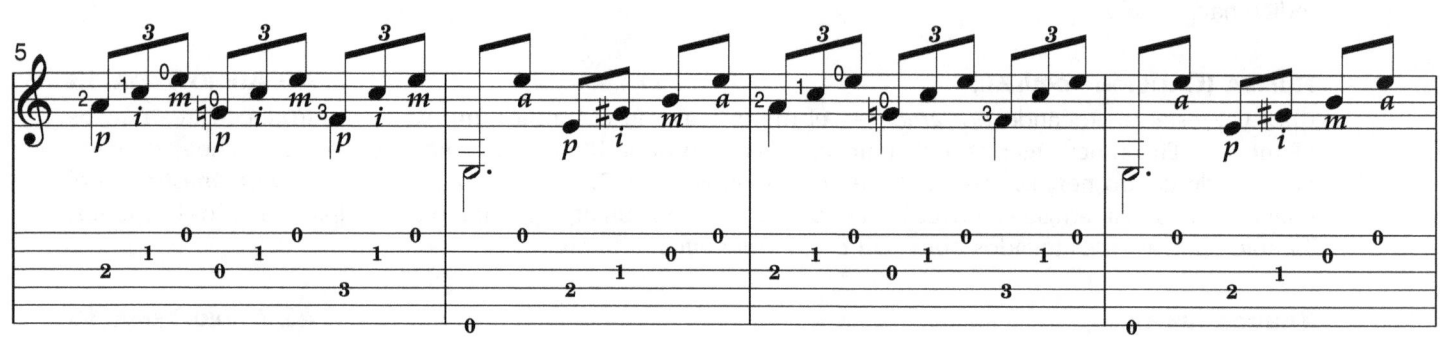

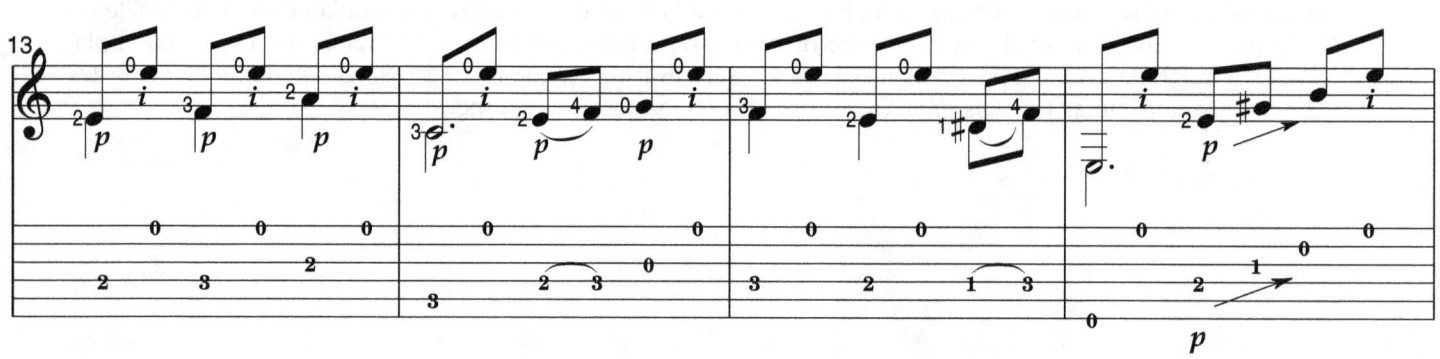

Fandango de Alosno

Grade / Nivel 1

Capo at 5th fret
Cejilla al cinco

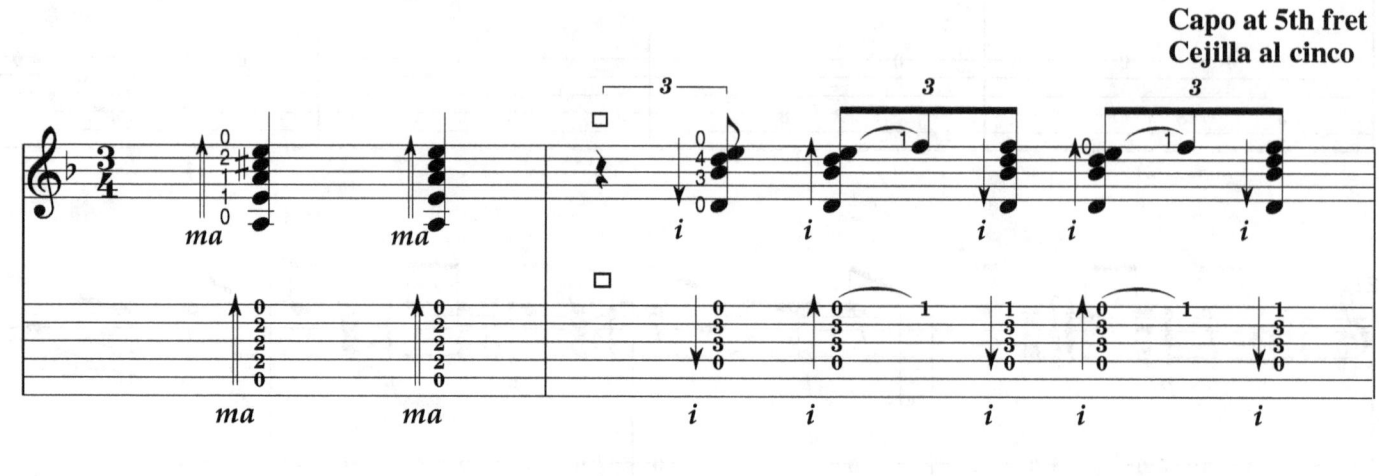
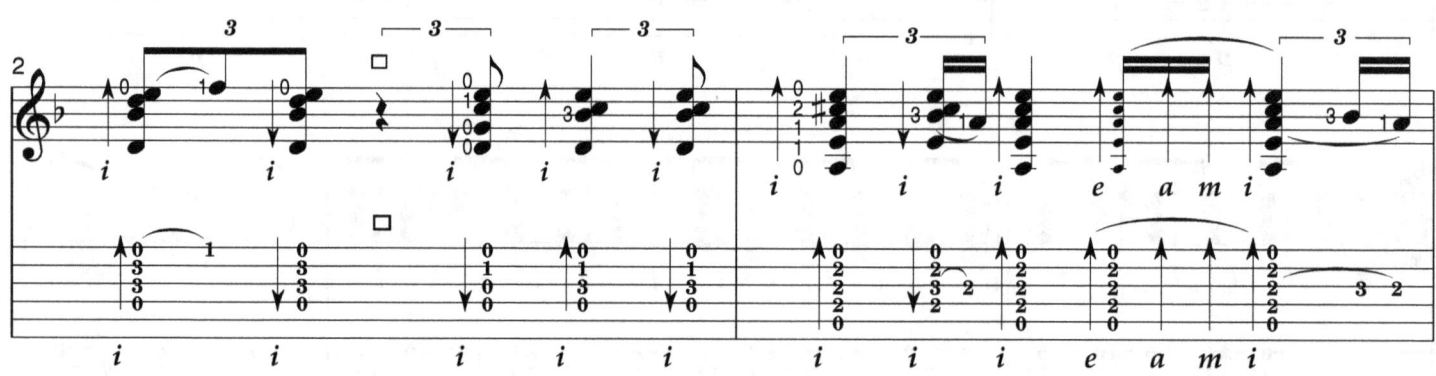
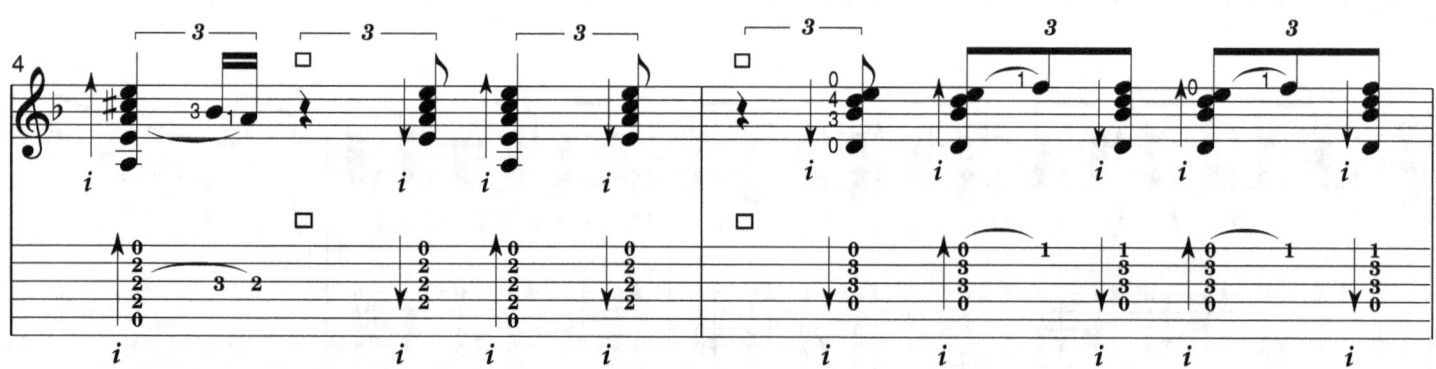
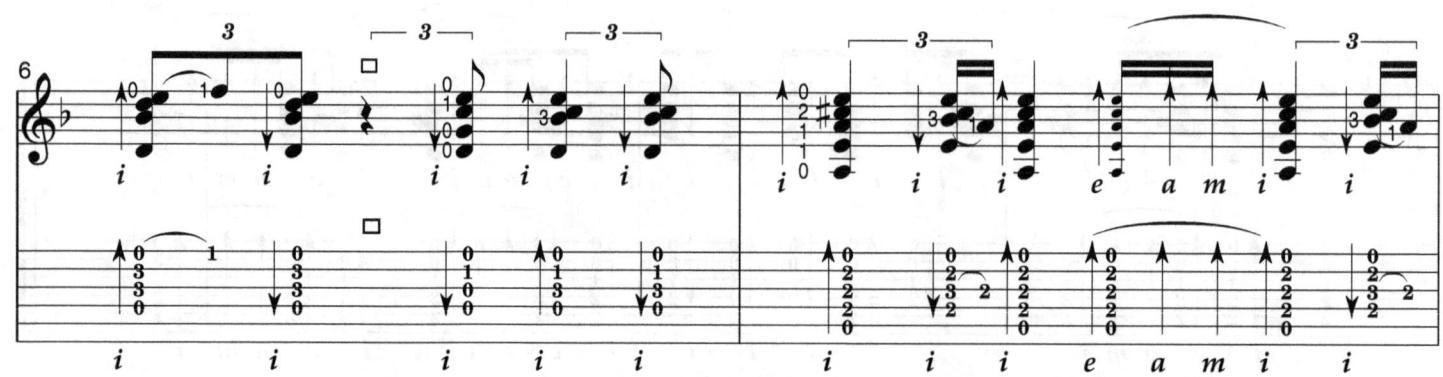

© Copyright 2001 *Juan Martín Music*
MCPS/PRS MUSIC ALLIANCE

Grade / Nivel 1 Fandango de Alosno

Rumba

Canción popular

Tangos
Impulso

GRADE / NIVEL 1

Capo at 2nd fret
Cejilla al dos

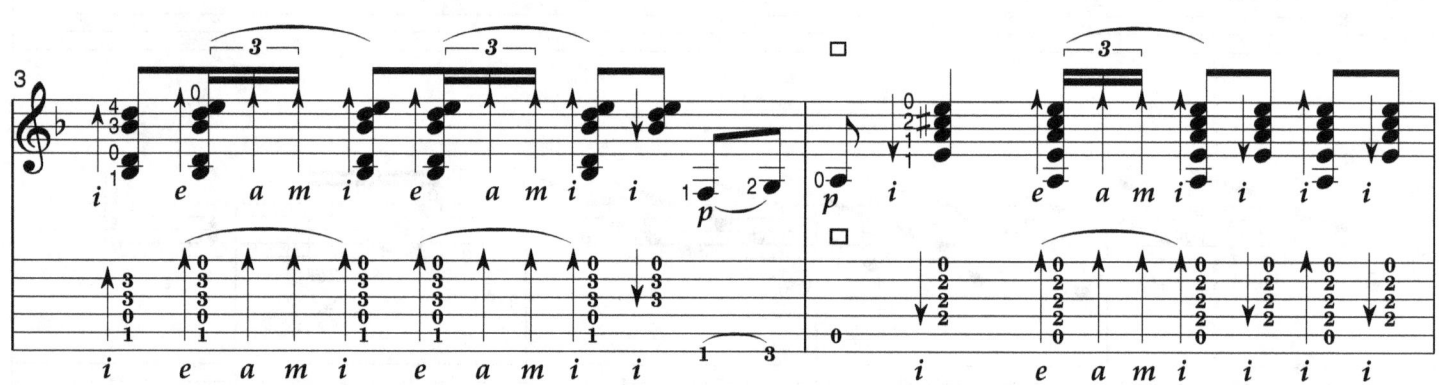
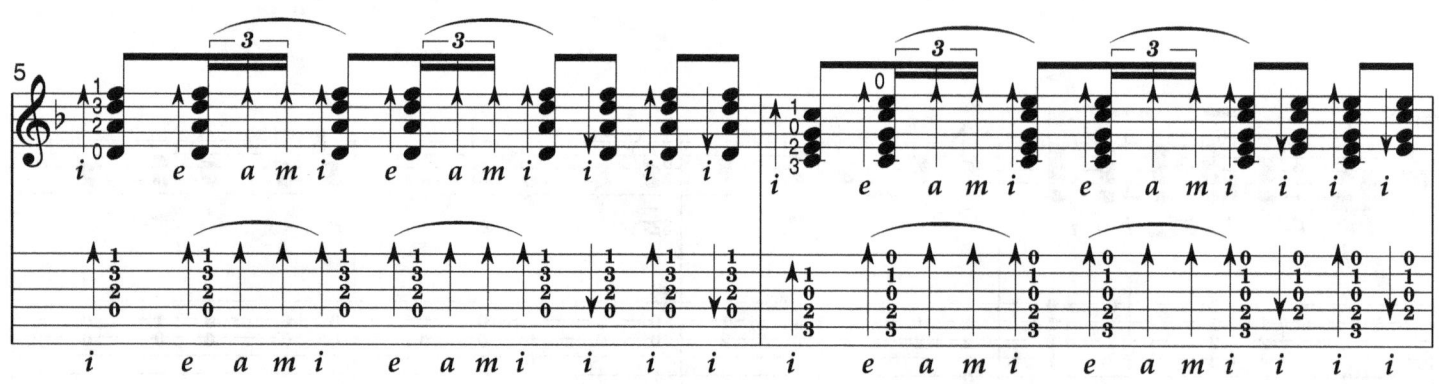

Grade / Nivel 1 Tangos 43

Carcelero

Toque libre (free time)

Capo at 2nd fret
Cejilla al dos

44 Carcelero Grade / Nivel 1

© Copyright 2001 Juan Martin Music
MCPS/PRS MUSIC ALLIANCE

Farruca

Ritmo del baile (Rhythm of the dance)

GRADE / NIVEL 1

Capo at 2nd fret
Cejilla al dos

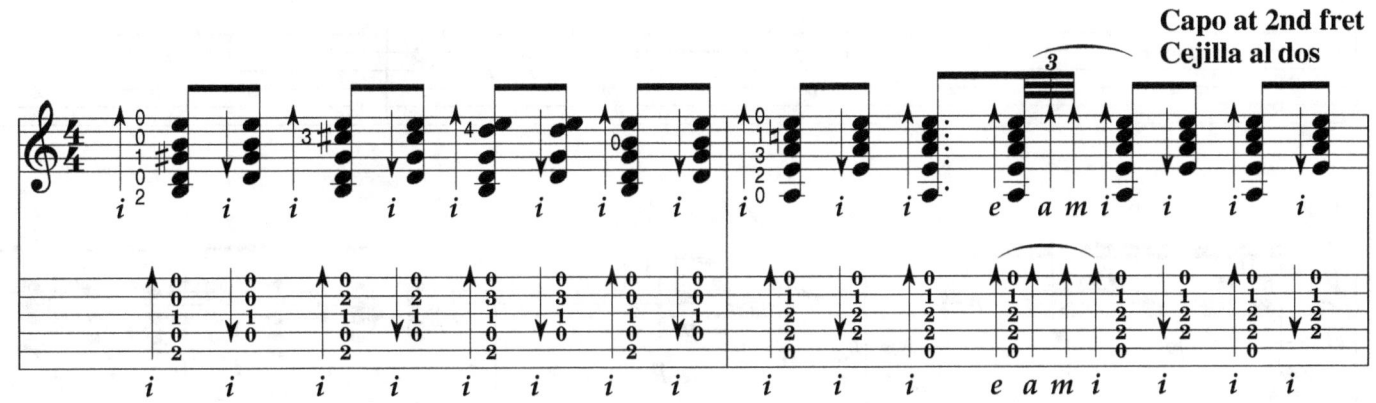
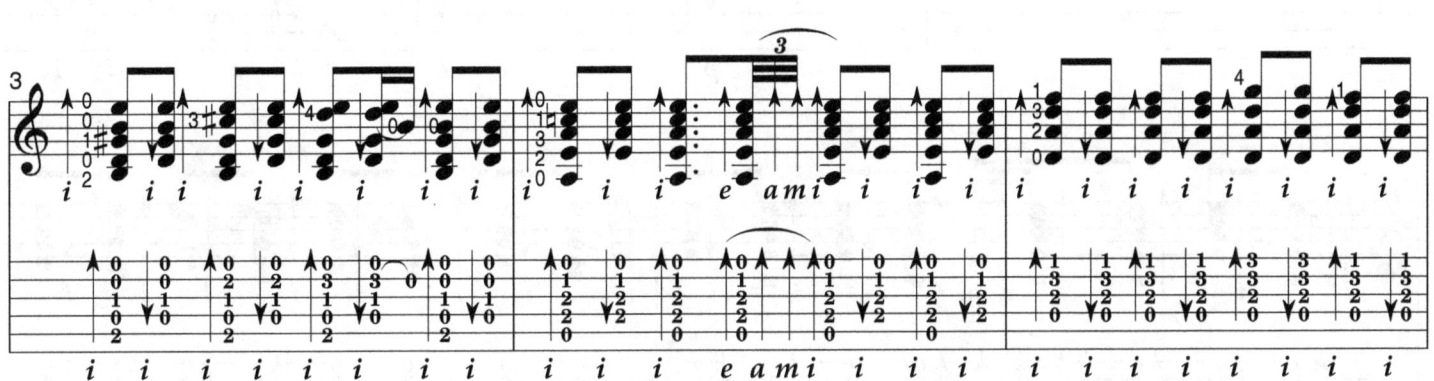

GRADE NIVEL 1

Sevillana

Mi copla

Tune 6th string to D(6=re)

Capo at 2nd fret
Cejilla al dos

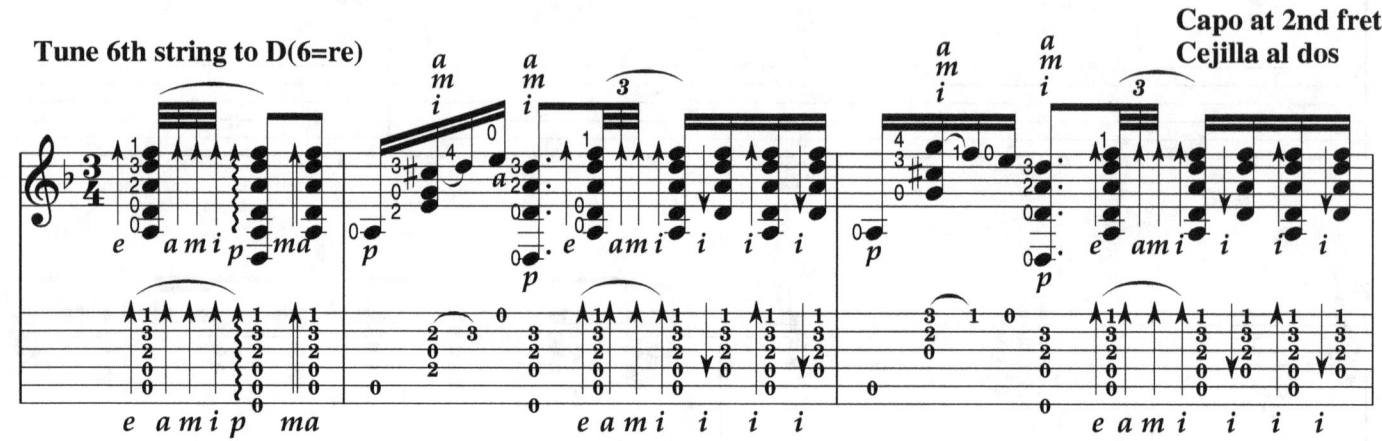

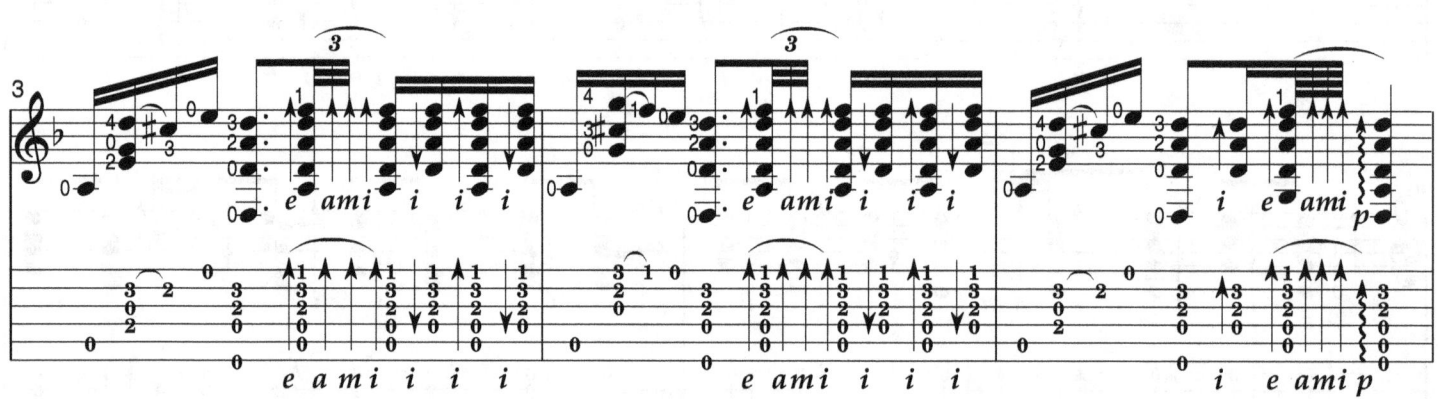

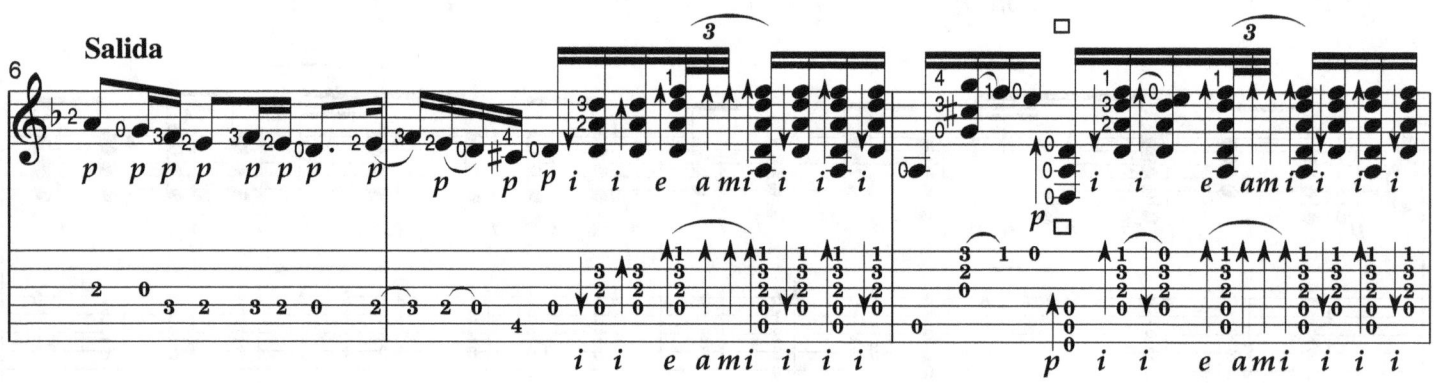

All with thumb
Todo con el pulgar

© Copyright 2001 Juan Martín Music
MCPS/PRS MUSIC ALLIANCE

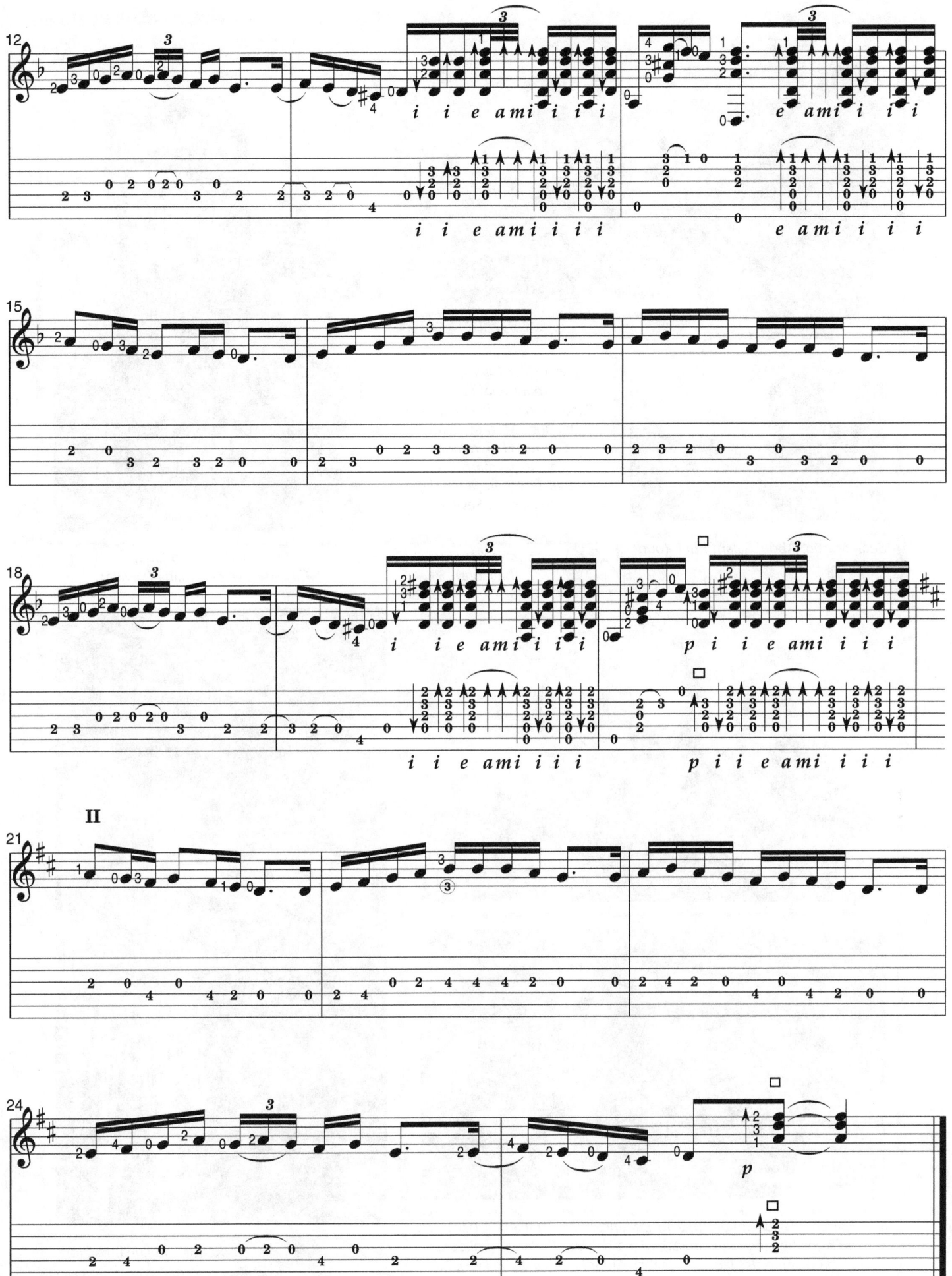

Javier Cruz (bailaor), Eva 'La Yerbabuena' (bailaora), Paco Jarana (guitarrista), Juan Martín, José Mendez (cantaor), Enrique El Extremeño (cantaor), Charo Cruz (bailaora) Soraya Clavijo (bailaora): Sevilla

Juan Martín, Abdul Salam Kheir (oud)

Soraya Clavijo (bailaora)

Juan Martín, Paco Jarana Casa de Vecinos, Triana (Sevilla)

Juan Martín, David Morales (bailaor), Maricarmen (cantaora y bailaora), Juan Carlos Berlanga (guitarrista), Maria del Mar Berlanga (bailaora - sentada delante de] Jarillo (cantaor), Antonio Serrano (bailaor), La Toromba (bailaora), Esther (bailaora): Barbican Centre, London.

Raquel de Luna, bailaora.

NIVEL 2

A. REQUISITOS ESENCIALES

Incluir todos los requisitos esenciales de niveles 0 y 1.

RASGUEO

El rasgueo de una nota hacia abajo hecho con los dedos medio y anular simultáneamente, seguido por un *ligado* ascendente.
El rasgueo de cuatro (o tres) notas seguido por un acorde arpegiado por el pulgar hacia abajo.

OTROS, MANO DERECHA

Golpes individuales a ritmo.
Los *golpes* hechos simultáneamente con el pulgar *apoyando*.
El picado (*i,m,i,*) tocado en compás de tresillo.
El arpegio *i,m,a* metido dentro de una semicorchea.
Las octavas hechas con *p* y *i*. El pulgar se ejecuta *apoyando* y un poquitín antes de la segunda nota.

MANO IZQUIERDA

El acorde de **fa** M en los bordones y 3ª cuerda.
Los *ligados* tocados por el dedo meñique, en tresillos.

B. ELEMENTOS OPTATIVOS

RASGUEO

El rasgueo de cinco notas (*e,a,m,i,i*) metido dentro de un tiempo acentuando la primera nota (dedo meñique).
El ritmo de Rumba tocado con *p, ma* y *i*.
Se alternan notas de *ma* hacia abajo y de pulgar hacia arriba para tocar un tresillo seguido por una nota acentuada.

OTROS MANO DERECHA

El arpegio de *p,i,m,a,m,i*.
Arpegio *de campanela* utilizando *p,a+m,i*.
Apagado con la palma de la mano derecha.

MANO IZQUIERDA

La mano se mueve a una posición más alta (hasta **VI**) para los arpegios, fragmentos melódicos y el rasgueo de una sola nota (índice hacia abajo).
Acorde de **mi**7 con el meñique en el 4º traste de la 6ª cuerda. Acorde de **fa** sostenido M (con las 1ª y 2ª cuerdas, o 1ª, 2ª y 3ª, al aire), acorde de **sol**7 sobre las seis cuerdas, acordes de **do** mayor7, **re** menor6, **re**7 (con **fa** sostenido en la 6ª cuerda), **si** menor (4 cuerdas), **si** menor6, acordes disminuidos.
Notas de paso con el acorde de **si** bemol.
Un *barré* desde la 5ª cuerda hasta la 1ª.

GRADE 2

A. ESSENTIAL REQUIREMENTS

Include all essential requirements of Grades 0 and 1.

RASGUEO

Down-strokes with *m* and *a* followed by *ligado* 'hammering on'.
Four- (or three-) stroke *rasgueo* followed by arpeggiated thumb down-stroke.

OTHER, RIGHT HAND

Golpes alone, on the beat.
Golpes combined with thumb *apoyando*.
Picado with *i,m,i* in triplets.
i,m,a arpeggio within a semiquaver.
Octaves with anticipated thumb *apoyando*.

LEFT HAND

F major chord on lower four strings.
Ligados with 4th finger 'hammering on' and 'pulling off', within a triplet.

B. OPTIONAL ELEMENTS

RASGUEO

Five-stroke *rasgueo* (*e,a,m,i,i*) within one beat, with accent on initial stroke with little finger.
Rumba rhythmic pattern with *p, ma*, and *i* strokes.
Alternating *ma* down-strokes and *p* up-strokes to play triplet leading to accented beat.

OTHER, RIGHT HAND

Arpeggios with *p,i,m,a,m,i*.
Arpeggio *de campanela*: *p,a+m,i*.
Apagado with the palm of the right hand.

LEFT HAND

Hand moves to higher positions (up to **VI**) for arpeggios, melodic passages and index down-stroke *rasgueos*.
E7 chord including 4th finger on sixth string.
F sharp major chord (with open top two or three strings). G7 chord on six strings, C maj7, D mi6, D7 (with F sharp on 6th string), B minor (4 strings), B mi6, diminished chords.
Passing notes with B flat chord.
Barré across five upper strings.

PLAYING NOTES   GRADE 2

SOLEÁ (FALSETA TRADICIONAL)   P. 54 AUDIO TRACK 18

We are continuing to develop the Soleá with greater use of the four-stroke *rasgueo* and a traditional *falseta* using *picado* of alternating *apoyando* strokes by *i* and *m*, and octaves. In the latter you will see that the bass note is played very slightly before the treble note, as is indicated by the grace notes placed before the bass notes. *Golpes* occur by themselves and with thumb *apoyando*, and the 3, 6, 8, 10, 12 accents are clearly brought out in the *rasgueo* passages. The piece ends with a strong chord on beat 10, as is usual in the Soleá, the Alegrías and, we will later find, in the Bulerías.

ALEGRÍAS EN LA   P. 56 AUDIO TRACK 19

This Alegrías is in the key position of A major. The first *falseta* takes the left hand into higher positions (**V** and **VI**) on the fingerboard and both this and the second *falseta* introduce new arpeggio and thumb techniques, including *p,i,m,a,m,i*, *p,i,m,a* and *p,a+m,i* ('*de campanela*') patterns. The solo introduces an important form of the five-stroke (*e,a,m,i,i*) *rasgueo* where the accent falls on the first stroke with **e**, so that the whole *rasgueo* occupies one beat. Previously (even in the optional 5-stroke *rasgueos* shown in the Guajira of Grade 0) the *rasgueo* has preceded the beat, which falls on the last stroke.

TARANTOS (TOQUE DE LAS MINAS)   P. 59 AUDIO TRACK 20

Here we meet the characteristic sound of the *palos* of the Levant region of Spain, where Andalusian immigrants were employed in the coal, silver and copper mines near Cartagena and Almería. The *palos* use the flamenco Phrygian mode based on F sharp, and it is the dissonance created by use of the open top three strings which is so distinctive. The Tarantos has a strong rhythm in 2/4, and the piece employs a variety of melodic techniques including thumb *apoyando*, arpeggios, and *picado*.

ZORONGO   P. 61 AUDIO TRACK 21

Based on another form of the *por medio* flamenco scale, the Zorongo has a characteristic sound and rhythm. The rhythm of the first part is written as alternating bars of 3/4 and 6/8, and the second, slower part is in 3/4. [A faster version, not recorded here, is played in Bulerías rhythm]

CANTIÑAS (LUZ Y SOMBRA)   P. 63 AUDIO TRACK 22

This piece has a rhythm identical to that of the Alegrías, but is in the key position of C major. It introduces the G7 chord shape, using all six strings, for the *rasgueo* leading onto the eighth beat. The happy feel of the first *falseta*, which uses *p,i,m,i* arpeggios, is followed by the more sombre tone of the second *falseta* which uses more modern chords, starting with a major 7th.

SEGUIRIYA (LAMENTO)   P. 65 AUDIO TRACK 23

The Seguiriyas are *palos* of immense solemnity and anguish, played with deep feeling. Alternating bars of 3/4 and 6/8 are used to notate the characteristic rhythm. The first sequence of *rasgueo*, which establishes this rhythm, concludes with a right hand *apagado* (see **Symbols and Notation**). The two *falsetas* are traditional, and emotionally moving in their simplicity. The music shows the flamenco method of counting the rhythm. It is most important to give the notes their full duration, without hurrying them.

RUMBA (RUMBA FLAMENCA)   P. 68 AUDIO TRACK 24

This Rumba is like the previous one in being based on the Phrygian mode in E. It introduces the characteristic *rasgueo* pattern for the syncopated rhythm, which requires a lot of practice to get it flowing easily with the right accents. The *rasgueo* includes the use of accented up-strokes with the thumb and also introduces a powerful new triplet *rasgueo* which alternates down-strokes by *m* and *a* with thumb up-strokes.

NOTAS SOBRE EL TOQUE NIVEL 2

Soleá (Falseta tradicional) — P. 54 Audio Tema 18
Seguimos el desarrollo de la Soleá con el uso más extendido del rasgueo de cuatro notas y una falseta tradicional en que se utiliza el *picado* de notas *i* y *m* alternos, *apoyando* y octavas. En éstas se ve que el bordón se toca un poquitín antes de la tiple, como está indicado por las notas pequeñas que preceden a las notas de los bordones. Hay *golpes* individuales y simultáneos con notas del pulgar *apoyando*, y los tiempos de 3, 6, 8, 10, 12 están acentuados claramente en los pasajes de rasgueo. El solo acaba con un acorde fuerte en el tiempo 10, como suele ocurrir en la Soleá, Alegría y, luego veremos, en la Bulería.

Alegrías en la — P. 56 Audio Tema 19
Esta Alegría está en la postura del tono de **la** mayor. La primera falseta lleva la mano izquierda a posiciones más altas (**V** y **VI**) del diapasón y las dos falsetas, primera y segunda, introducen técnicas nuevas de arpegio y del pulgar, e incluyen las formas *p,i,m,a,m,i*, *p,i,m,a* y *p,a+m,i* ('*de campanela*'). Este solo introduce una forma importante del rasgueo de cinco notas (*e,a,m,i,i*) en el cual el acento recae sobre la primera nota tocada por **e**, y así el rasgueo entero dura un tiempo. Anteriormente (aun en el rasgueo opcional de cinco notas tocado en la Guajira del nivel 0) el rasgueo ha precedido al tiempo y se acentúa la última nota del rasgueo.

Tarantos (Toque de las minas) — P. 59 Audio Tema 20
Aquí reconocemos el sonido característico del flamenco del Levante, donde los inmigrantes andaluces trabajaban en las minas de carbón, de plata y de cobre cerca de Cartagena y Almería. Los palos utilizan el modo frigio flamenco de **fa** sostenido, y la disonancia creada por el uso de las cuerdas 1, 2 y 3 al aire es muy distintiva. El Taranto tiene un compás marcado en 2/4, y el solo emplea diversas técnicas melódicas, que incluyen el pulgar *apoyando*, arpegios y *picado*.

Zorongo — P. 61 Audio Tema 21
Esta versión está en el tono *por medio*. El Zorongo tiene un sonido y ritmo bastante característico. El ritmo de la primera parte se escribe en barras alternando 3/4 y 6/8, y la segunda parte, más lenta, está en 3/4. [Hay una versión más rápida, pero no grabada aquí, que se toca por Bulería]

Cantiñas (Luz y sombra) — P. 63 Audio Tema 22
Este solo tiene un ritmo idéntico a la Alegría, pero está en la postura de **do** mayor. Introduce la postura del acorde de **sol**7, utilizando las seis cuerdas, para el rasgueo que acaba en el 8º tiempo. El aire alegre de la primera falseta, que utiliza arpegios de *p,i,m,i*, está seguido por el tono más sombrío de la segunda falseta, que utiliza acordes más modernos, empezando con una séptima mayor.

Seguiriya (Lamento) — P. 65 Audio Tema 23
Las Seguiriyas son palos de inmensa solemnidad y angustia, tocadas con emoción profunda. Las barras alternas de 3/4 y 6/8 se utilizan para la notación del ritmo característico. La primera secuencia de rasgueo, que establece este ritmo, acaba con un *apagado* de la mano derecha (*ver* **Símbolos y Notación**). Las dos falsetas son tradicionales, con una simplicidad conmovedora. La música enseña el método flamenco de marcar el compás. Es muy importante dar a las notas su duración correcta, sin correr.

Rumba (Rumba flamenca) — P. 68 Audio Tema 24
Esta Rumba, como la anterior, está en el tono frigio de **mi**. Introduce la forma característica del rasgueo tocado en ritmo sincopado. Ésto requiere mucha práctica para poder hacerlo con fluidez y correctamente acentuado. El rasgueo tiene el uso de notas acentuadas de pulgar hacia arriba e introduce también un nuevo rasgueo de tresillos, en el cual alternan notas simultáneas de *m* y *a* hacia abajo con notas de pulgar hacia arriba.

Soleá
Falseta tradicional

Capo at 2nd fret
Cejilla al dos

Grade / Nivel 2 Soleá

Alegrías

en la

GRADE / NIVEL 2

Capo at 2nd fret
Cejilla al dos

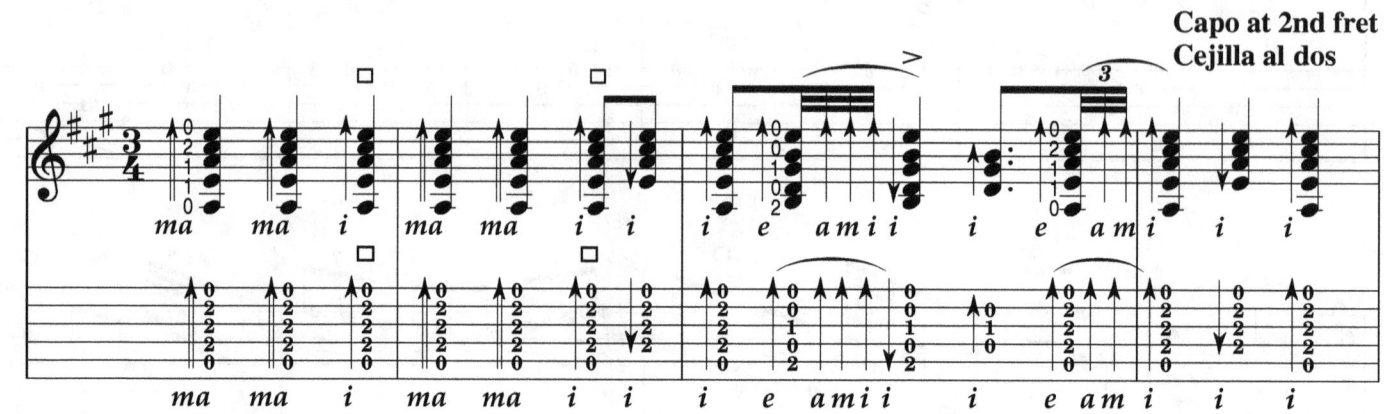
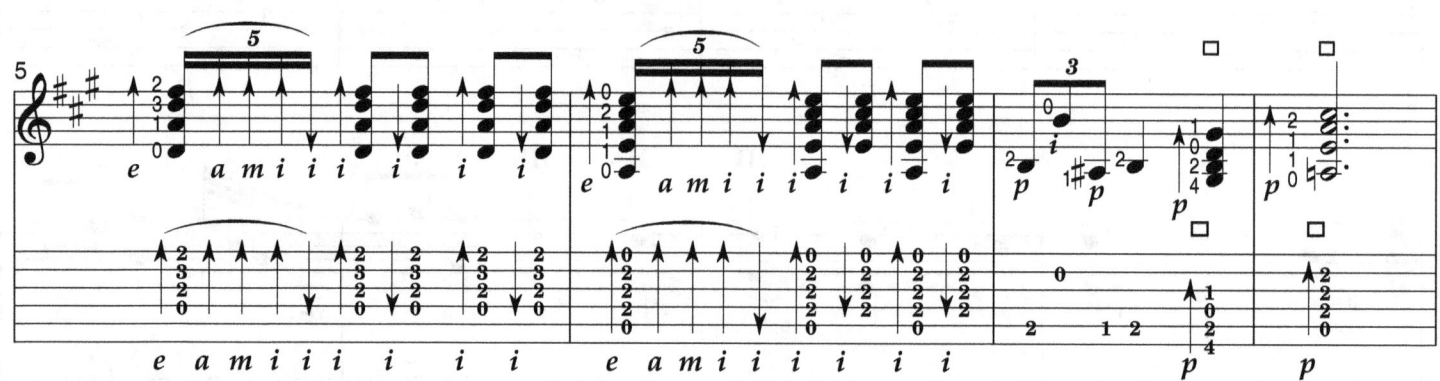

Falseta 1

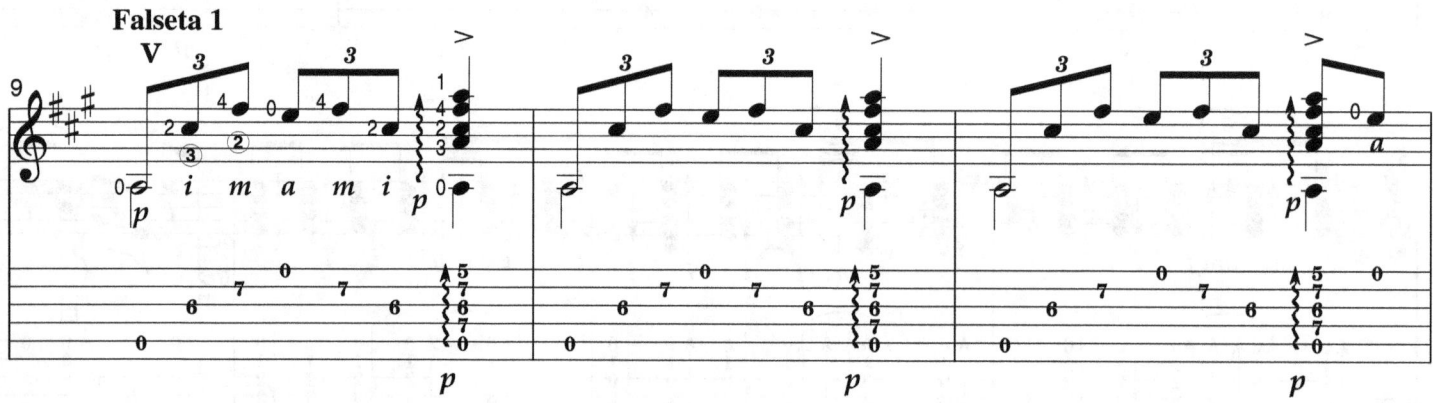

© Copyright 2001 *Juan Martín Music*
MCPS/PRS MUSIC ALLIANCE

Tarantos
Toque de las minas

GRADE / NIVEL 2

Capo at 2nd fret
Cejilla al dos

© Copyright 2001 *Juan Martín Music*

Zorongo

GRADE / NIVEL 2

Capo at 2nd fret
Cejilla al dos

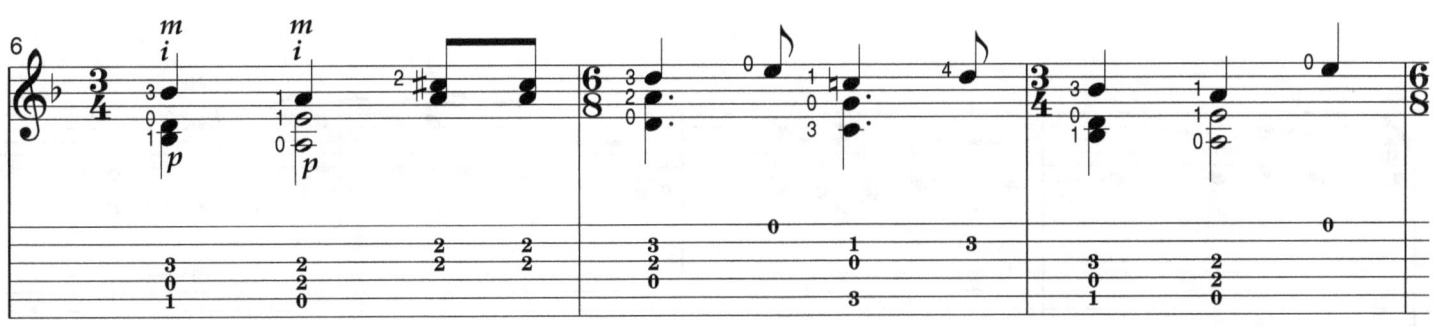
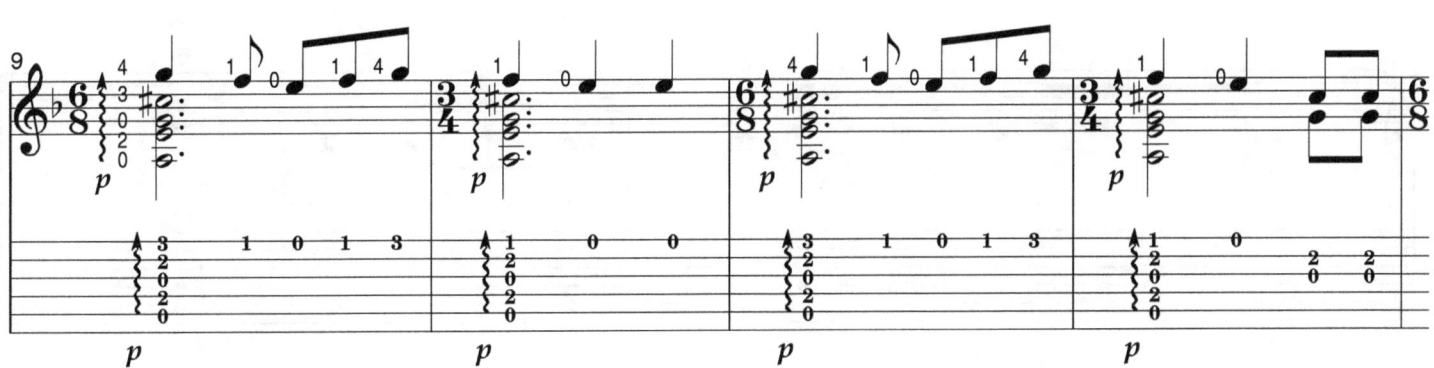

© Copyright 2001 *Juan Martín Music*
MCPS/PRS MUSIC ALLIANCE

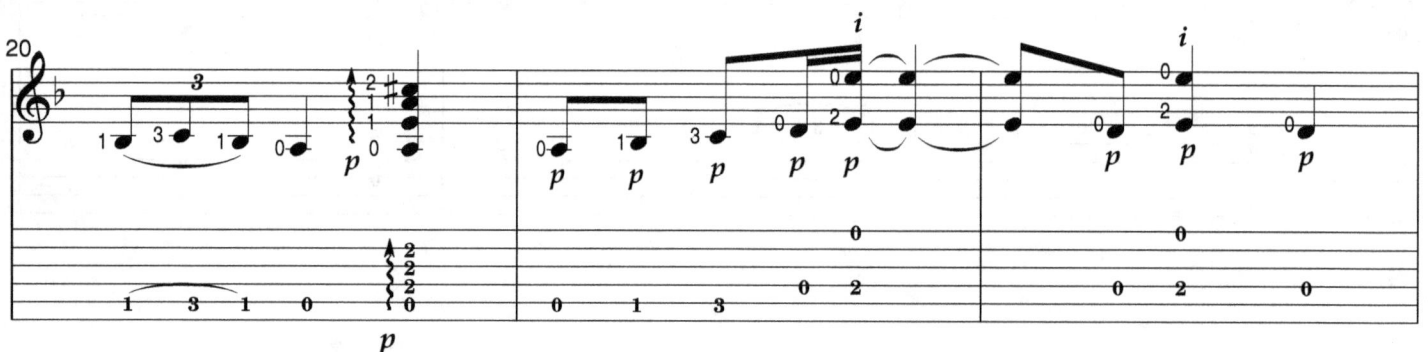
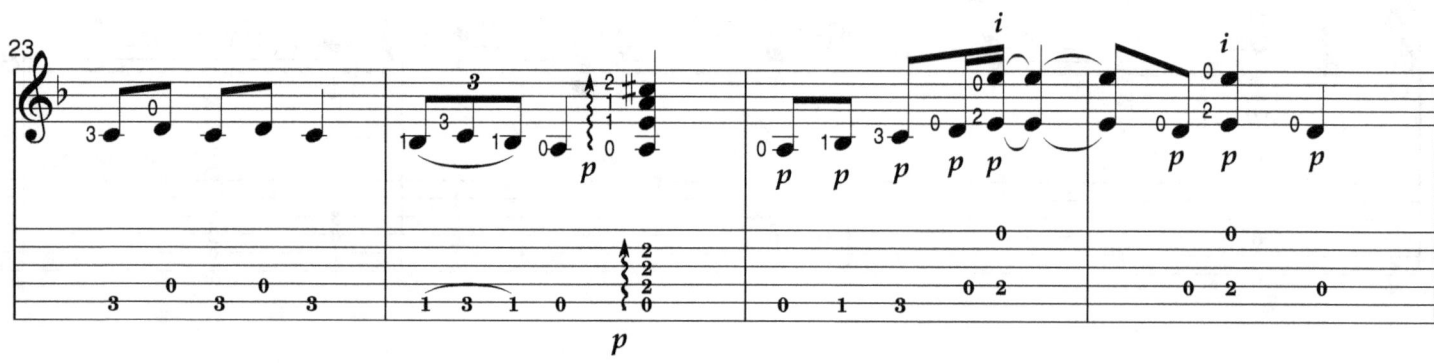
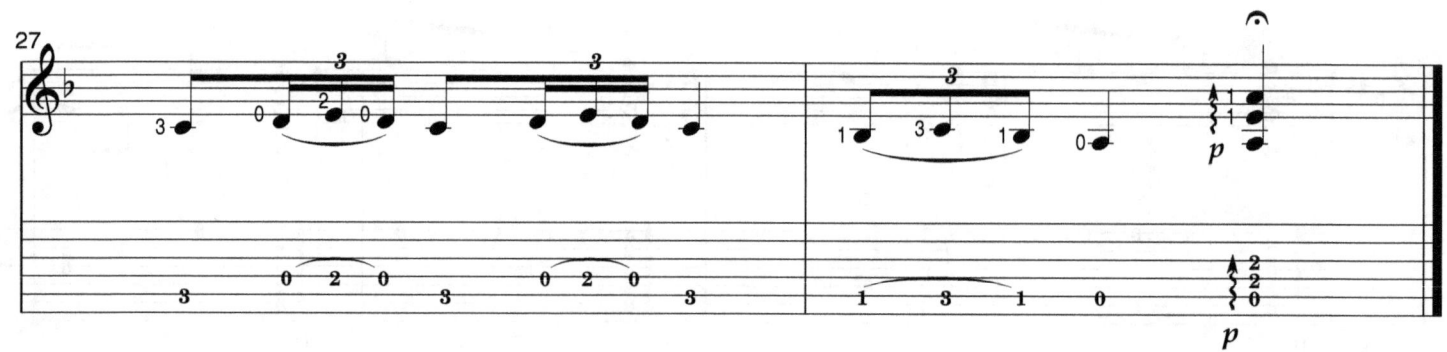

62 Zorongo Grade / Nivel 2

Cantiña

Luz y sombra (Light and shade)

Capo at 2nd fret
Cejilla al dos

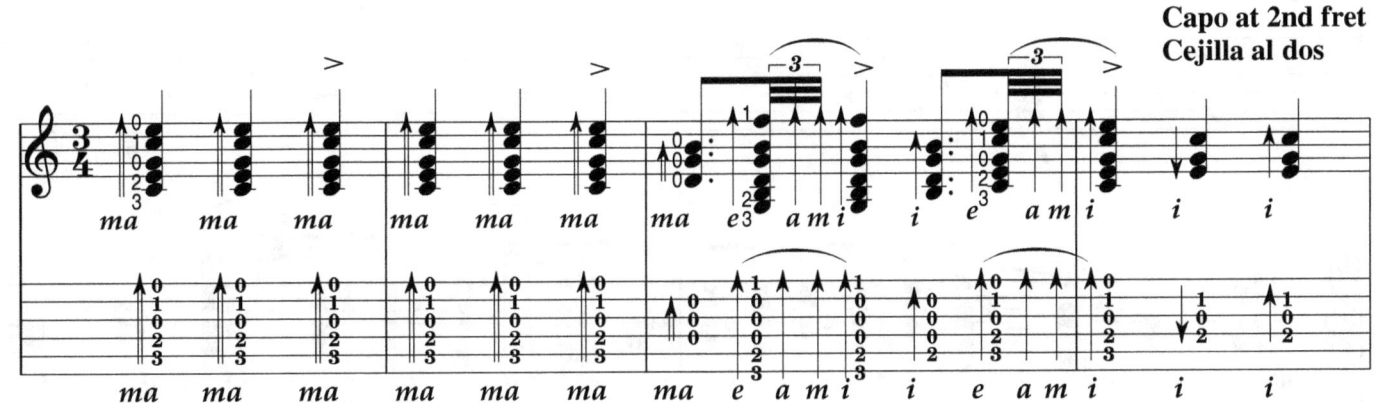
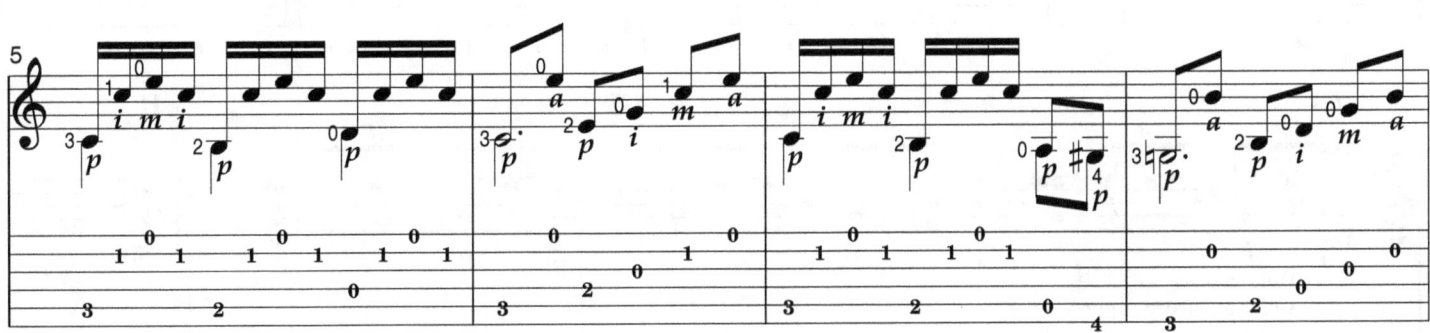
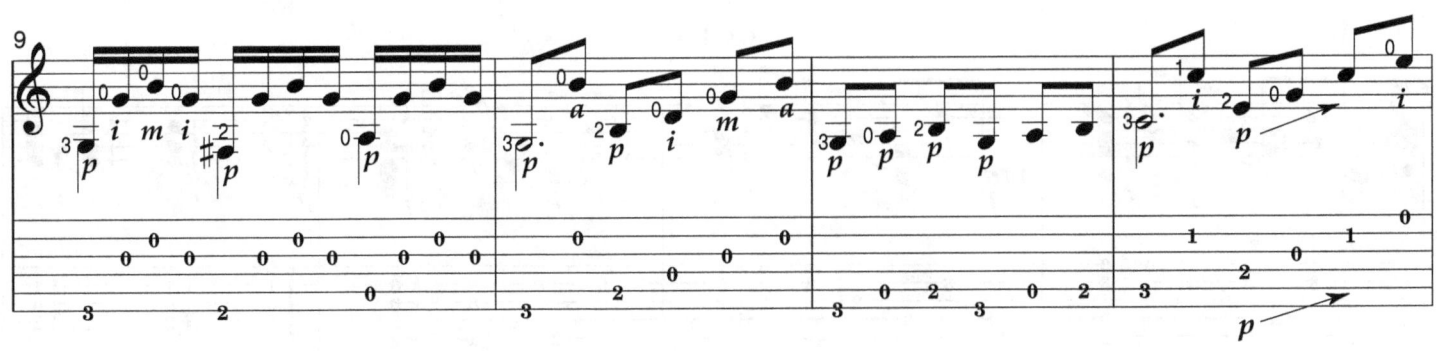
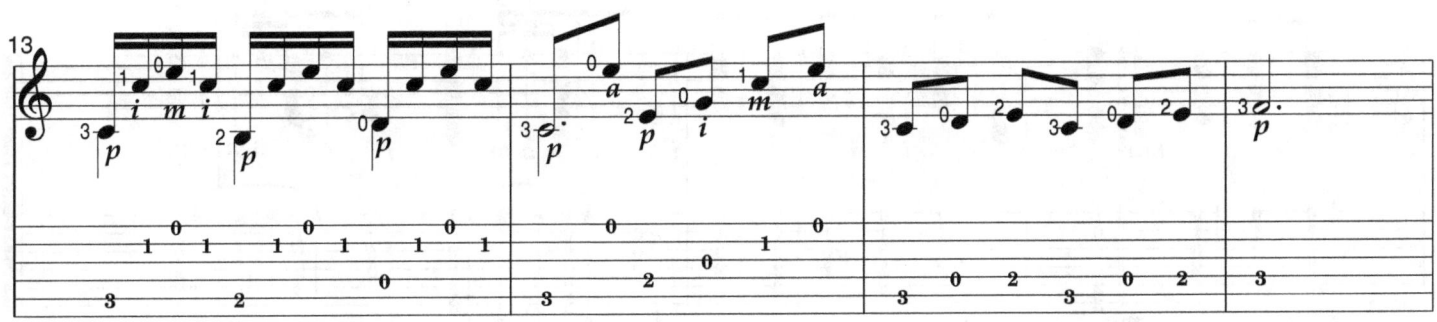

© Copyright 2001 *Juan Martín Music*
MCPS/PRS MUSIC ALLIANCE

Seguiriya
Lamento

GRADE / NIVEL 2

Capo at 2nd fret
Cejilla al dos

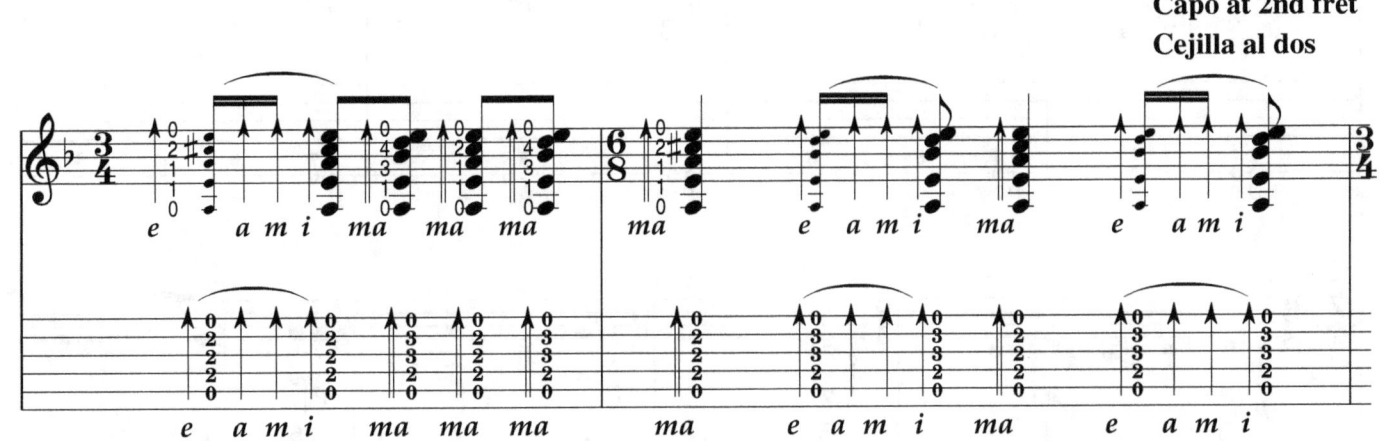
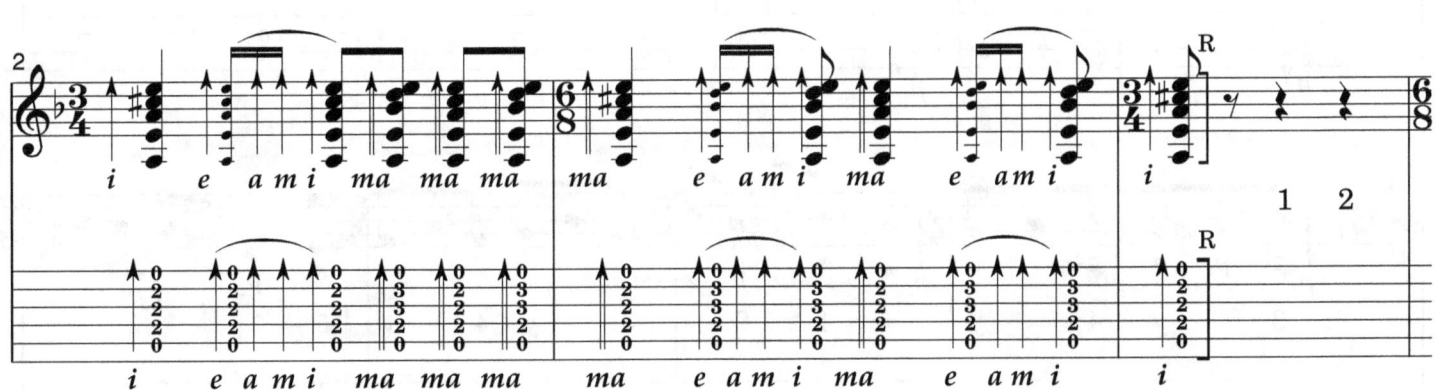
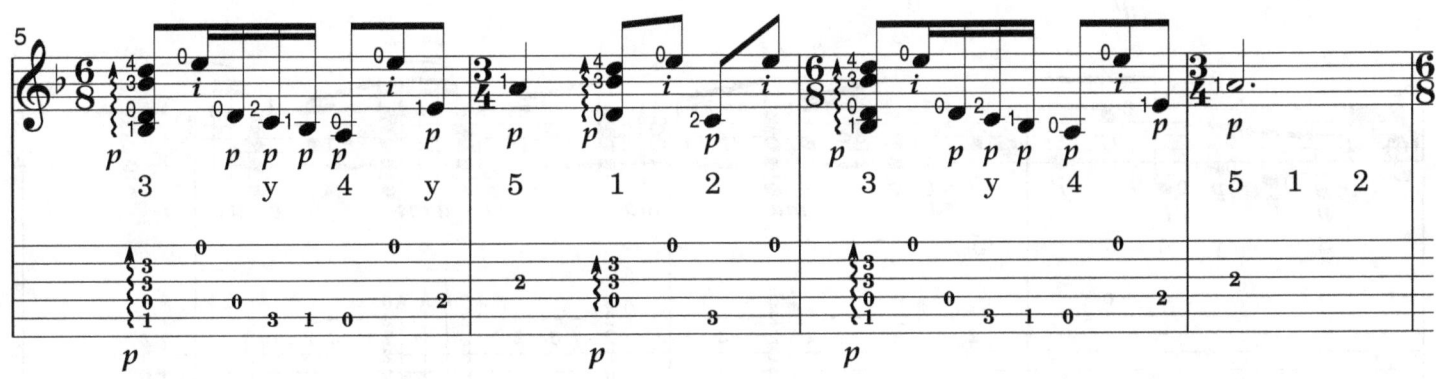

Falseta 1

© Copyright 2001 *Juan Martin Music*
MCPS/PRS MUSIC ALLIANCE

Falseta 2

Seguiriya Grade / Nivel 2

Rumba

Rumba flamenca

GRADE / NIVEL 2

Capo at 2nd fret
Cejilla al dos

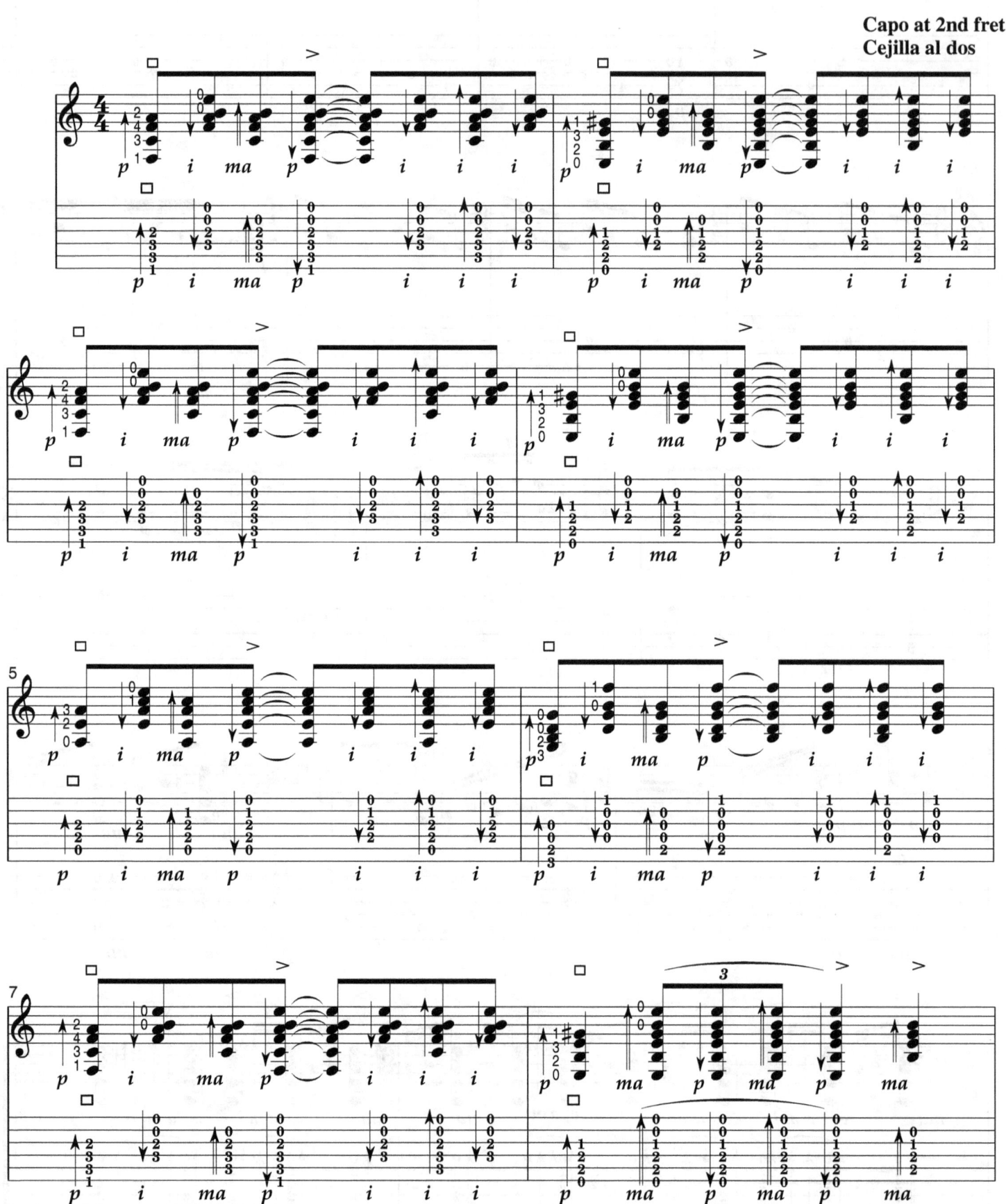

68 Rumba Grade / Nivel 2

© Copyright 2001 *Juan Martin Music*
MCPS/PRS MUSIC ALLIANCE

NIVEL 3

A. REQUISITOS ESENCIALES

Incluir todos requisitos esenciales de los niveles 0,1,2.
Como mínimo hay que tocar un *toque libre* (Malagueñas o Granadinas).

RASGUEO

El rasgueo de cinco notas metido dentro de un tiempo acentuando la primera nota (dedo meñique, **e**).
Los *golpes* que coinciden con el pulgar o el índice en una nota hacia abajo.

OTROS, MANO DERECHA

Los arpegios de **p,p,i,p** y **p,a,m,i** tocados en tiempo de semicorcheas.
El *picado* **i,m,i,m** tocado en tiempo de semicorcheas.
Pasajes melódicos de pulgar en las cuerdas 3ª y 4ª.

MANO IZQUIERDA

Otra versión del acorde **mi** M, en la 2ª posición, y la misma postura de la mano izquierda en la 3ª posición.
Pasajes de *ligado* extendido sobre tres tiempos.
Ligados en cinquillos.
Ligados con el dedo 4 en la 3ª cuerda.
Acorde de **do**7 sobre 5 cuerdas.

B. ELEMENTOS OPTATIVOS

Primera introducción al compás de la Bulería.

RASGUEO

El rasgueo de tres ("en abanico") efectuado con el pulgar (hacia arriba), el dedo medio (hacia abajo), el pulgar otra vez (hacia abajo), antes de una nota de pulgar hacia arriba a tiempo. Se acentúa el primer movimiento del pulgar hacia arriba.
Dos rasgueos seguidos de cuatro notas con las primeras 7 notas dentro de un tiempo.
Tres rasgueos seguidos de cuatro notas con las primeras 11 notas dentro de dos tiempos.
Dos rasgueos de cinco notas emparejados marcando dos tiempos del compás.

OTROS, MANO DERECHA

El *alzapúa* en tiempo de corcheas.
Una forma del *trémolo*, con las notas rápidas **i,a,m,i** antes de tocar un acorde arpegiado con el pulgar hacia abajo.

MANO IZQUIERDA

El *barré* completo con el dedo índice sobre las seis cuerdas.
Los acordes de **mi** M y **si**7 en la 4ª posición.
la M en 2ª y 5ª posiciones.
Secuencias de *ligados*.
El *glisando* en la 6ª cuerda en las Granadinas.
El *apagado* con el dedo meñique.

GRADE 3

A. ESSENTIAL REQUIREMENTS

Include all essential requirements of Grades 0,1,2.
Play at least one piece in *toque libre* (Malagueñas or Granadinas).

RASGUEO

Five-stroke *rasgueo* within one beat, accented on first stroke by little finger (**e**).
Golpe taps coinciding with thumb or index down-strokes.

OTHER, RIGHT HAND

Arpeggios with **p,p,i,p** and **p,a,m,i** in semiquavers.
Picado **i,m,i,m** in semiquavers.
Melodic passages including thumb on third and fourth strings.

LEFT HAND

Another version of E major chord, in the 2nd position, and the same position of the left hand moved up to 3rd position.
Extended *ligado* passages over three beats.
Ligados in quintuplets.
Ligados with 4th finger on third string.
C7 chord on 5 strings.

B. OPTIONAL ELEMENTS

First introduction to Bulerías rhythm.

RASGUEO

Triplet *rasgueo* ("*en abanico*") with accented thumb up-stroke followed by middle finger down-stroke then thumb down-stroke preceding a thumb-upstroke on the beat. Accent on first thumb up-stroke.
Two consecutive four-stroke *rasgueos*, with the first seven strokes occupying one beat.
Three consecutive four-stroke *rasgueos*, with the first eleven strokes occupying two beats.
Paired consecutive five-stroke *rasgueos* occupying two beats.

OTHER, RIGHT HAND

Alzapúa in quavers.
Trémolo thumb-stroke, with rapid **i,a,m,i**.
preceding an arpeggiated down-stroke with thumb.

LEFT HAND

Full barré with first finger across all six strings.
E major and B7 chord positions in fourth position.
A major in second and fifth positions.
Extended passages of *ligado*.
Long slide on sixth string in Granadinas.
4th finger *apagado*.

PLAYING NOTES   GRADE 3

SOLEÁ (LA BASE)   P. 75 AUDIO TRACK 25

As we move further on with the Soleá it is time to introduce another very characteristic technique. This is the pattern of *ligado* notes on the fourth string in the initial *compás* of 12 beats, and in the final passage. The five-stroke *rasgueo* (*e,a,m,i,i*), with the accent on the first stroke, is used in the *rasgueo* passages. The *falsetas* here are based on traditional forms. They make more advanced use of arpeggios, the thumb and *picado* with alternating *i* and *m*. You will also see a *ligado* where five notes are played within the duration of one beat.

FANDANGO DE HUELVA   P. 78 AUDIO TRACK 26

This piece establishes the characteristic *compás* of the most common rhythmic form of the Fandango, using techniques we have already met. This version contains something of the triplet feel of the Fandango de Alosno of Grade 1, so that paired quavers notated as ♫ sound more like ♪♪ to give a 'swing' to the rhythm. The *falsetas* derive from traditional forms.

ALEGRÍAS EN MI (CON SILENCIO)   P. 81 AUDIO TRACK 27

Several new techniques are introduced in this piece, which moves from the E major position to the slower Silencio in E minor, before ending back in the major key. There are new chords in the first and higher positions for the left hand, and the first use of the full barré, in which the first finger of the left hand stops all the strings. In the right hand there is the first use of the double four-stroke *rasgueo*, in which *e,a,m,i* are repeated in rapid succession, so that seven strokes occur within the duration of one beat, with the accent of the second beat falling on the eighth stroke, a down-stroke with the index. There is also the first use of *alzapúa*, combining down- and up-stokes by the thumb with melody notes played by the thumb. The beginning of the Silencio introduces the *trémolo* thumb-stroke in which *i,a,m,i* play a rapid *tirando* on a single note before an arpeggiated down-stroke on a chord by the thumb.

BULERÍAS POR ARRIBA   P. 86 AUDIO TRACK 28

The Bulerías, whose basic structure has developed as a quicker version of the Soleá, provides the greatest challenge for the guitarist because the *palo* needs to generate a forceful rhythmic drive and pulsation, and may be played very fast. Two new *rasgueo* techniques are introduced here. The first is the use of three repeated four-stroke *rasgueos* within the duration of two beats, so that eleven strokes (*e,a,m,i,e,a,m,i,e,a,m*) precede the accent on the following beat, made by the final index down-stroke. We also see a further development of the alternation of *ma* down-strokes with up-strokes by the thumb, first encountered in the Sevillana and Tangos of Grade 0 and the Rumba of Grade 2, and this time repeated in longer triplet sequences. The melodic *falsetas* are played mainly with the thumb or in passages of *picado* with alternating *i* and *m*. Overall the piece provides a useful introduction to this exciting *palo*, without the demand for tremendous speed. The Bulerías *compás* is structured into the 12-beat sequences of the Soleá and Alegrías, but occasional 6-beat passages were often played in the older *al golpe* styles. *Falsetas* commonly, but not always, start on the twelfth beat of the sequence, as they do here. The solo ends on beat 10 of a 12-beat *compás*.

RUMBA (DEL DÍA NUEVE)   P. 91 AUDIO TRACK 29

Flamenco harmonies have traditionally included striking dissonances, but in the last thirty or forty years there has been a lot of interest in including 'modern' chords derived from jazz and other popular music. This Rumba is in the key position of E minor, and added 9th notes are included in the initial arpeggiated A minor and E minor chords. There is an important new *rasgueo*, first introduced in the third line of the music, where there are repeated three-stroke *rasgueos*, each consisting of an up-stroke with the thumb followed by a down-stroke with the middle finger and then a down-stroke with the thumb. The sequence ends with an accented upstroke with the thumb. Two fingers, *m* and *a* together, may be used for extra power instead of the middle finger in these triplet *rasgueos*. The Spanish term sometimes used for this, "*en abanico*" means "fan-like" *rasgueo*, because of the fanning movement of the wrist. The accent is on the first up-stroke with the thumb. Some players prefer to use the little finger then the index finger for the downstrokes, and there are other variants. The passage of triplet *rasgueos* is followed by the introduction of the left hand *apagado* (see **Symbols and Notation**).

MALAGUEÑA (VÉLEZ)   P. 95 AUDIO TRACK 30

Grade 3 concludes with two pieces in free time (*toque libre*) which are regional derivations from the Fandango in free form. The Malagueña starts with *trémolo* thumb-strokes on chords in higher positions. These employ the partial barré, indicated by small figures before the Roman numerals, here showing that the top five strings are stopped by the first finger. At first, the music closely follows the form of the *cante* (flamenco song), with melodic passages in *picado* playing the notes which the *cantaor* would sing, interspersed with punctuating passages which would be played by the guitar accompanist. There follows a sequence in regular 3/4 rhythm using alternating thumb and index before the end.

GRANADINAS (ALBAICÍN)   P. 98 AUDIO TRACK 31

The Granadinas (or *Grana'inas*, as the flamencos say) characteristically uses the Phrygian scale based on a B major chord position. This example is typical, with an initial passage in free form followed by a sequence which has a more rhythmic structure. The long slides from F sharp (or sometimes F) on the 6th string up to the root B note are a striking feature.

NOTAS SOBRE EL TOQUE   NIVEL 3

SOLEÁ (LA BASE)   P. 75 AUDIO TEMA 25

Ahora que avanzamos más en la Soleá es el momento de introducir una técnica muy característica. Ésta es la secuencia de notas de *ligado* en el compás inicial de 12 tiempos, y también en el pasaje final. Los rasgueos de cinco notas (e,a,m,i,i) con el acento en la primera nota, se usan en los pasajes de rasgueo. Las falsetas tienen un aire tradicional y utilizan tipos más avanzados de arpegios, notas de pulgar y el *picado* de *i* y *m* alternando. Utilizamos también un *ligado* en donde cinco notas se tocan dentro la duración de un tiempo.

FANDANGO DE HUELVA   P. 78 AUDIO TEMA 26

Este solo establece el compás característico de la forma rítmica más típica del Fandango, utilizando técnicas ya conocidas. Esta versión contiene algo del ritmo de tresillos ya oído en el Fandango de Alosno del nivel 1, así que las corcheas parejadas, escritas en la notación como ♫ tienen un ritmo más parecido a ♪♪ para darle un "swing" al ritmo. Las falsetas tienen su origen en formas tradicionales.

ALEGRÍAS EN MI (CON SILENCIO)   P. 81 AUDIO TEMA 27

Varias nuevas técnicas se introducen en esta pieza, en la que cambiamos del tono de **mi** mayor al Silencio más lento del tono de **mi** menor, antes de que vuelva al final al tono mayor otra vez. Hay nuevos acordes en la primera posición y en otras más altas para la mano izquierda y el primer uso del *barré* completo, en el cual el índice izquierdo aprieta todas seis cuerdas. En la mano derecha hay el primer uso del rasgueo doble de cuatro notas, en el cual e,a,m,i son repetidos rápidamente, y así siete notas ocurren dentro de la duración de un tiempo; el acento recae sobre la 8ª nota, tocada por el índice hacia abajo. Hay también el primer uso del *alzapúa,* combinando notas hacia abajo y arriba del pulgar con notas de la melodía tocadas por el pulgar. El principio del Silencio introduce el trémolo i,a,m,i antes de un acorde arpegiado de pulgar hacia abajo.

BULERÍAS POR ARRIBA   P. 86 AUDIO TEMA 28

La Bulería, cuya estructura básica se ha desarrollado como una forma más rápida de la Soleá, proporciona al guitarrista su desafío más difícil, porque el palo tiene que crear un fuerte impulso y ritmo, y puede ser tocado con mucha velocidad. Aquí se introducen dos nuevas técnicas de rasgueo. La primera es el uso de tres rasgueos de cuatro notas, repetidos dentro de la duración de dos tiempos, así que once notas (e,a,m,i,e,a,m,i,e,a,m) preceden al acento en el tiempo siguiente, tocado por la última nota de índice hacia abajo. Vemos también otro desarrollo de las notas alternas de **ma** hacia abajo y **p** hacia arriba, previamente tocadas en la Sevillana y los Tangos del nivel 0 y en la Rumba del nivel 2, ahora repetidas en secuencias más largas de tresillos. La mayoría de las notas melódicas de las falsetas se tocan con el pulgar, y hay pasajes del *picado* de *i* y *m*, alternando. En total la pieza proporciona una introducción útil a este palo movido, sin pedir velocidad excesiva. El compás de la Bulería tiene la estructura de 12 tiempos así como la Soleá y la Alegría, pero algunos pasajes de 6 tiempos se suele incluir a menudo en los estilos antiguos *al golpe*. Las falsetas a menudo, pero no siempre, empiezan en el tiempo 12 de la secuencia, como es el caso aquí. La composición acaba en el tiempo 10 de un compás de 12 tiempos.

RUMBA (DEL DÍA NUEVE)   P. 91 AUDIO TEMA 29

Las armonías flamencas tradicionalmente han incluido disonancias marcadas, pero desde hace treinta o cuarenta años hay mucho interés en el uso de acordes modernos que se encuentran en el jazz u otra música popular. Esta Rumba está en la postura de **mi** menor, y acordes novenos están incluidos en los arpegios de **la** menor y **mi** menor al principio de la pieza. Hay un nuevo rasgueo, introducido por primera vez en la tercera línea de la música, donde hay rasgueos repetidos de tres notas, cada uno tocado por una nota de pulgar hacia arriba, una nota del dedo medio hacia abajo y luego una nota de pulgar hacia abajo. La secuencia acaba con una nota acentuada de pulgar hacia arriba. Dos dedos, *m* y *a* conjuntos, pueden ser utilizados para dar más fuerza en lugar del dedo medio solo en estos tresillos. Este *rasgueo de tres* se llama a veces el rasgueo "en abanico" por el movimiento de la muñeca como si estuviera abanicando. Se acentúa en el primer movimiento del pulgar hacia arriba. Algunos tocaores prefieren el uso del meñique seguido por el índice para las notas hacia abajo, y hay otras alternativas. Después del pasaje de rasgueos de tres aparece el primer uso del *apagado* de la mano izquierda (*ver* **Símbolos y Notación**).

Malagueña (Vélez) — P. 95 Audio Tema 30

El nivel 3 acaba con dos solos de *toque libres*, los cuales son formas regionales del Fandango. La Malagueña empieza con *trémolos* antes de notas de pulgar hacia abajo, tocados con acordes en posiciones más altas. Éstos emplean el *barré* parcial, que está indicado en cifras pequeñas antes del número romano, y en este caso enseñando que el índice izquierdo aprieta las cuerdas 1 - 5. Al principio la música tiene la forma exacta del cante, con pasajes melódicos de *picado* que imitan las notas del cantaor, intercalados con pasajes que tocaría el guitarrista como acompañamiento. Después hay una secuencia tocada en ritmo 3/4 por *p* y *i* alternos antes de llegar al final.

Granadinas (Albaicín) — P. 98 Audio Tema 31

Las *Grana'inas* utilizan la escala frigia del tono de **si** mayor. Aquí tenemos un ejemplo típico que empieza con un pasaje libre y luego nos metemos por una variación más rítmica. Los *glisandos* largos de **fa** sostenido (o a veces **fa**) en la sexta cuerda son rasgos destacados.

1970
Guitarra de Manuel Reyes

Soleá

La base

Capo at 2nd fret
Cejilla al dos

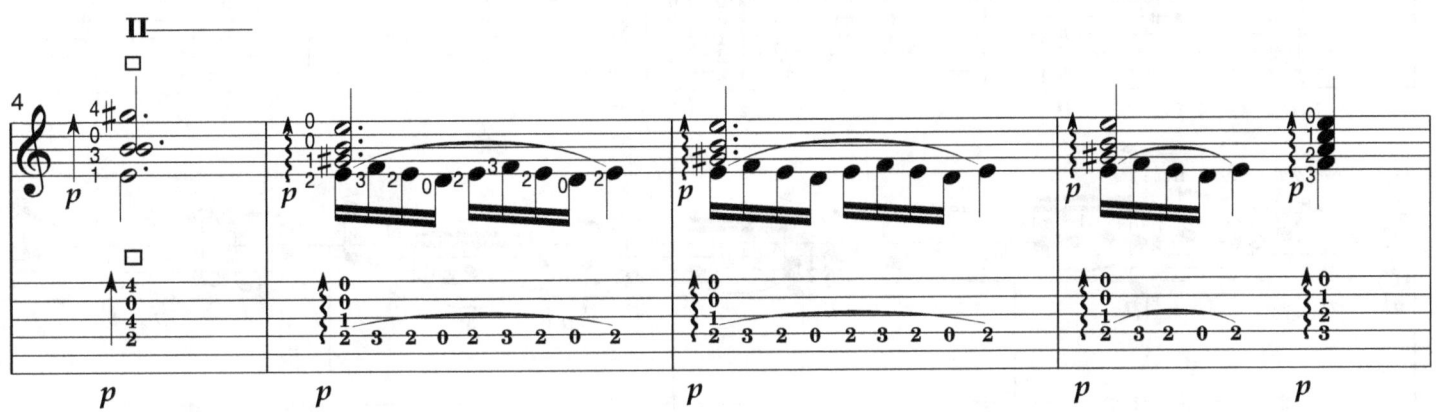
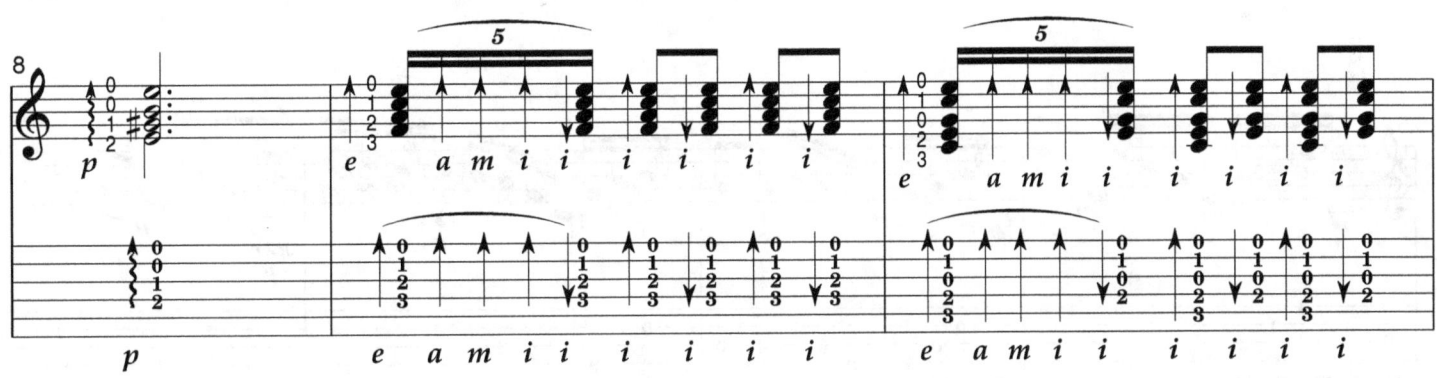
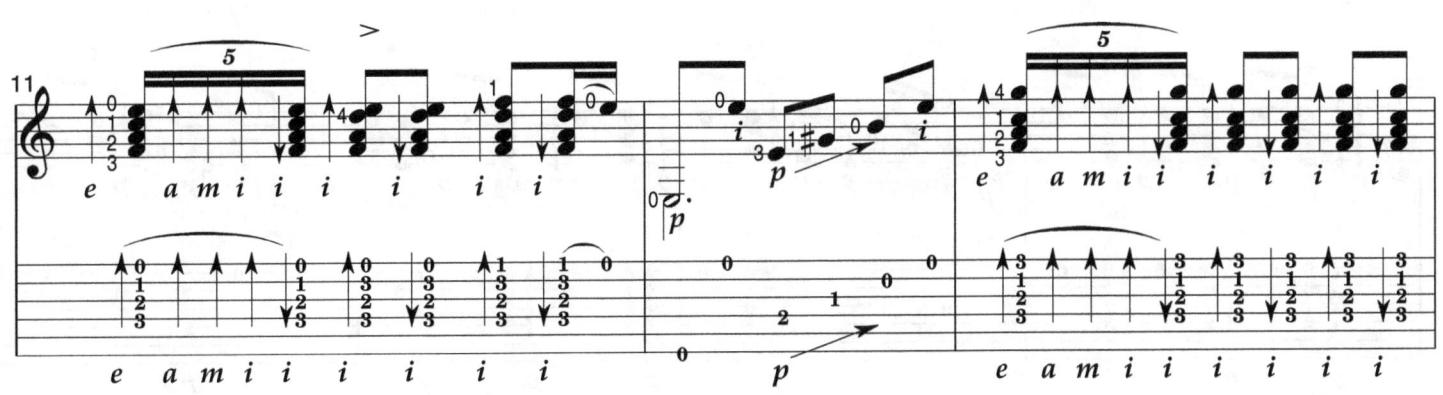

Fandango
de Huelva

GRADE / NIVEL 3

Capo at 2nd fret
Cejilla al dos

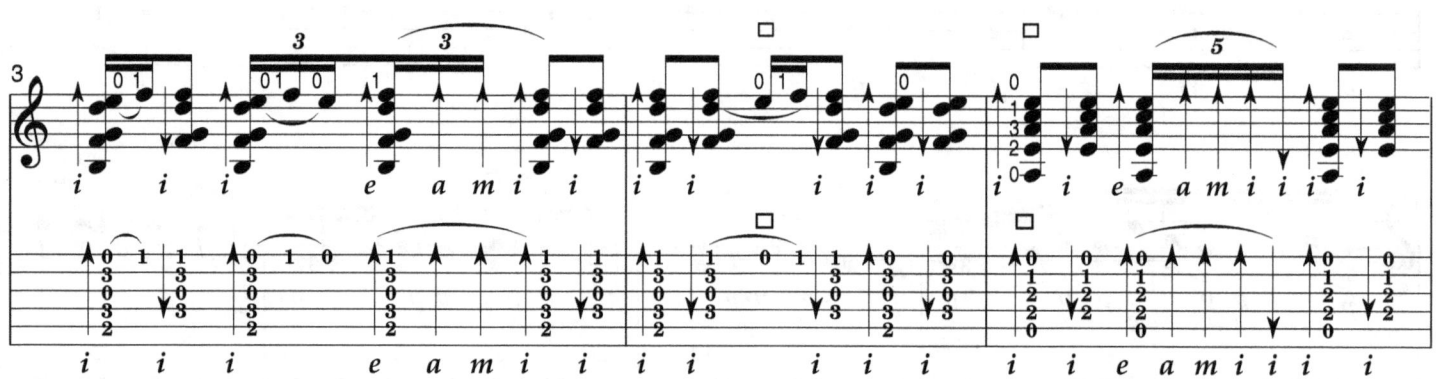
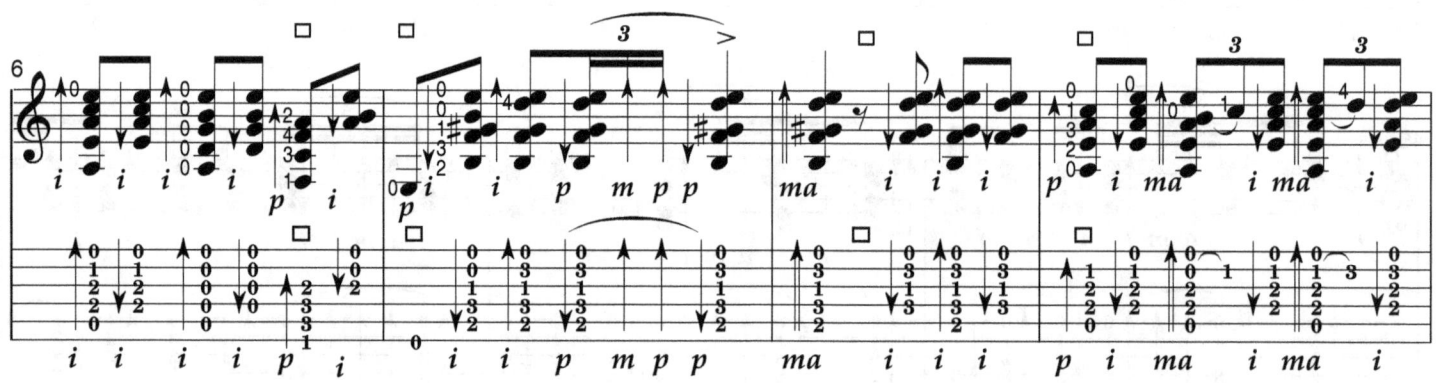
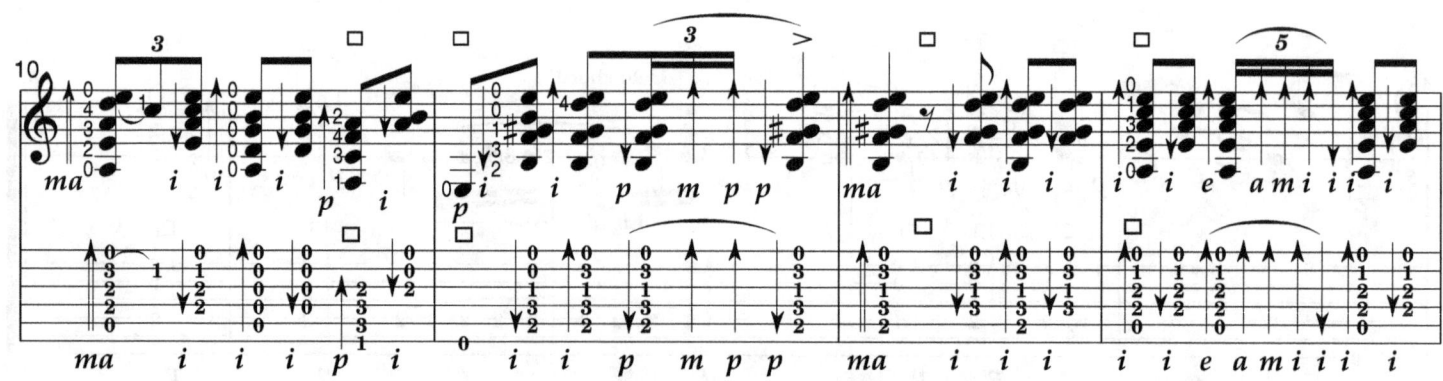

Alegrías

en mi (con silencio)

Capo at 2nd fret
Cejilla al dos

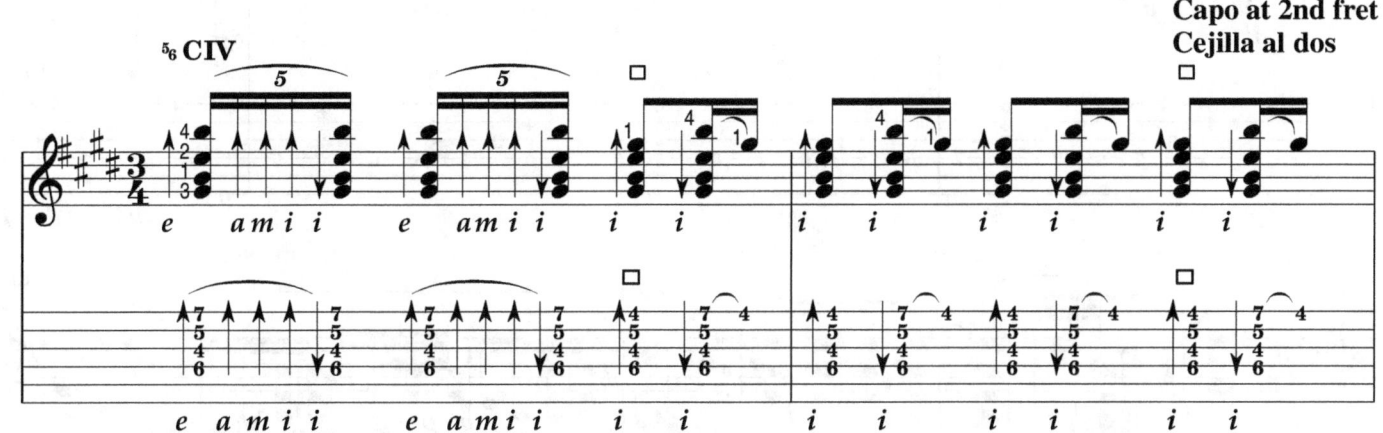
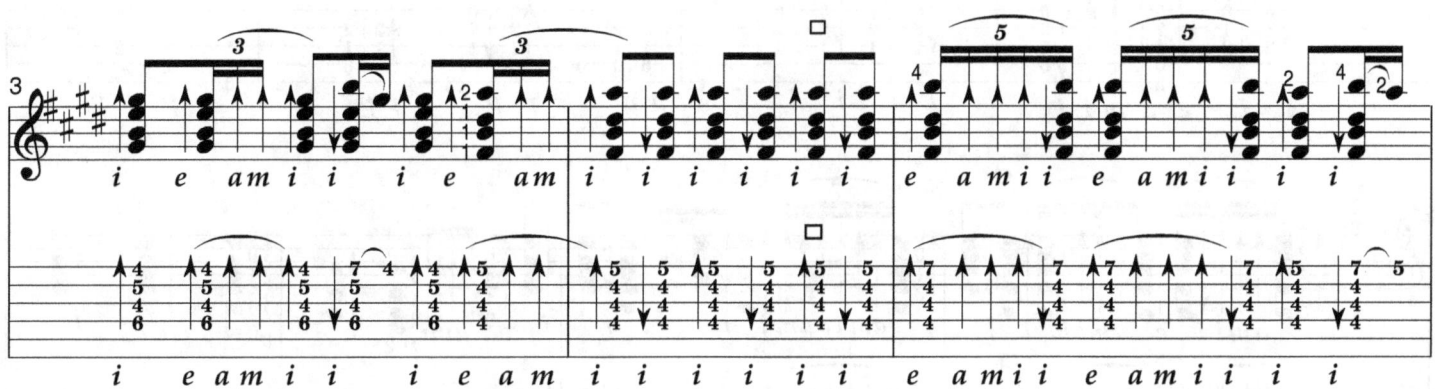
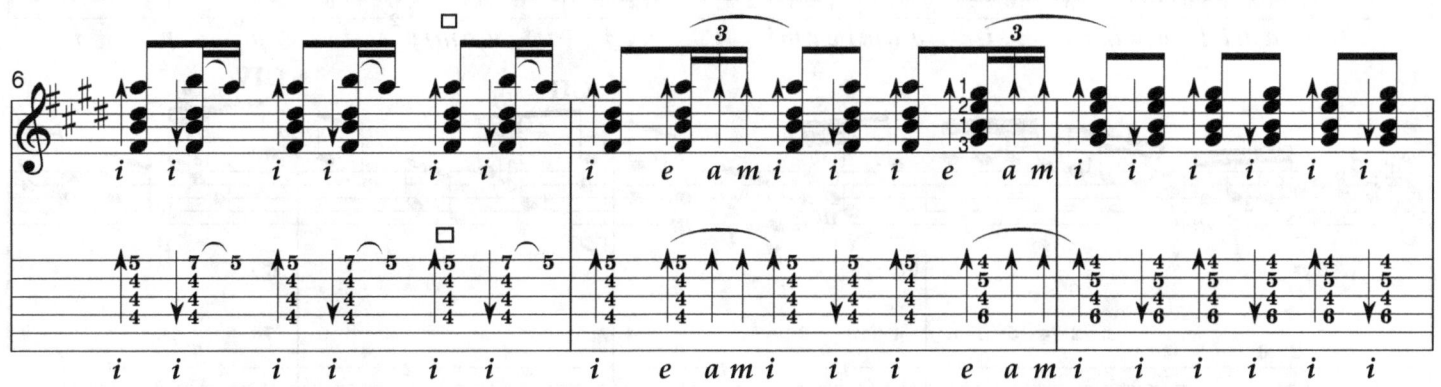
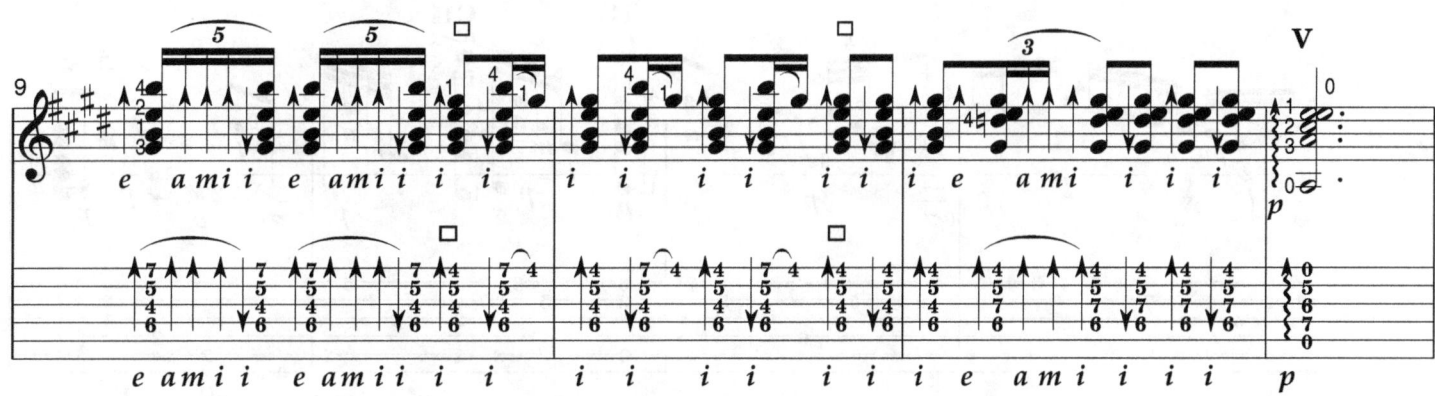

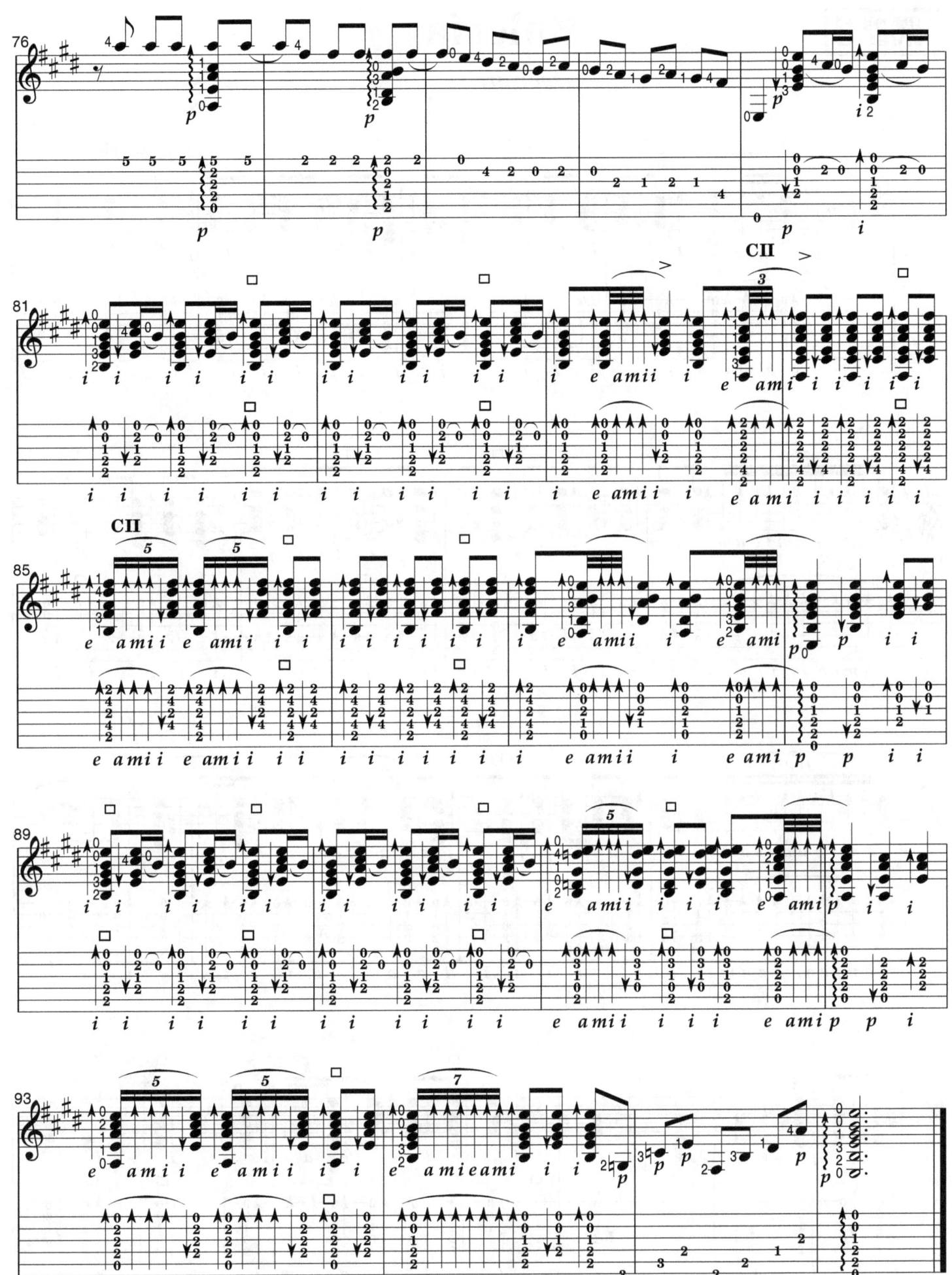

Bulerías
por arriba

GRADE / NIVEL 3

Capo at 2nd fret
Cejilla al dos

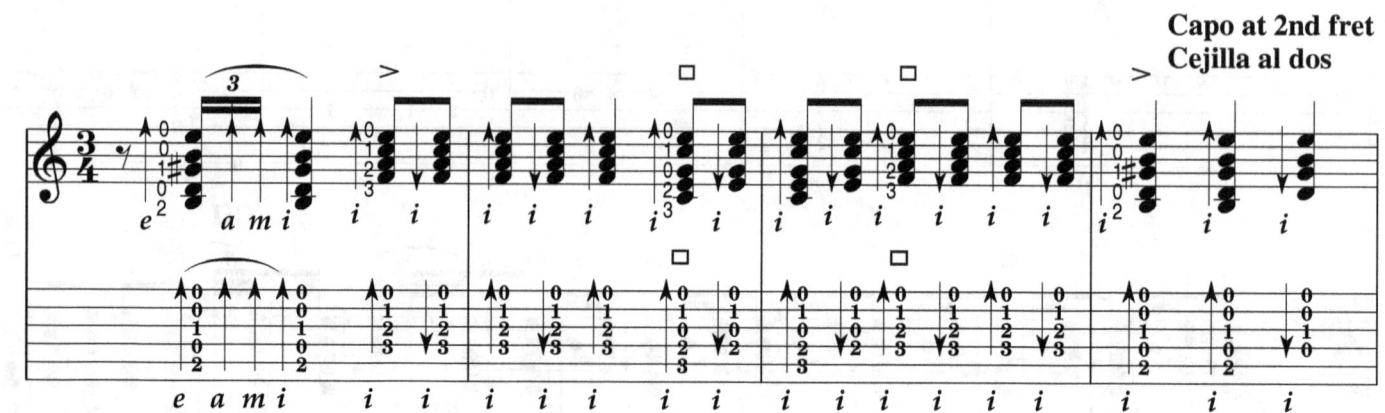

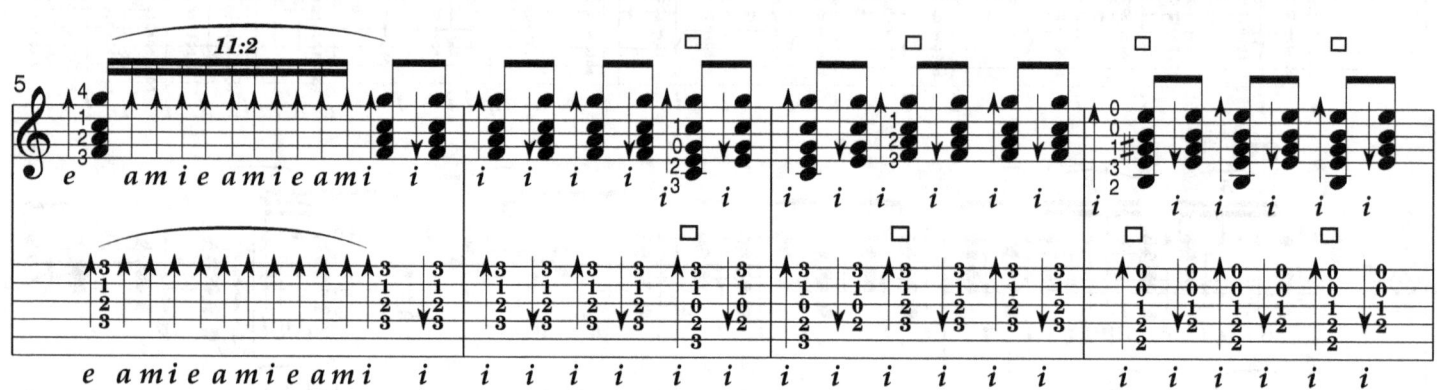

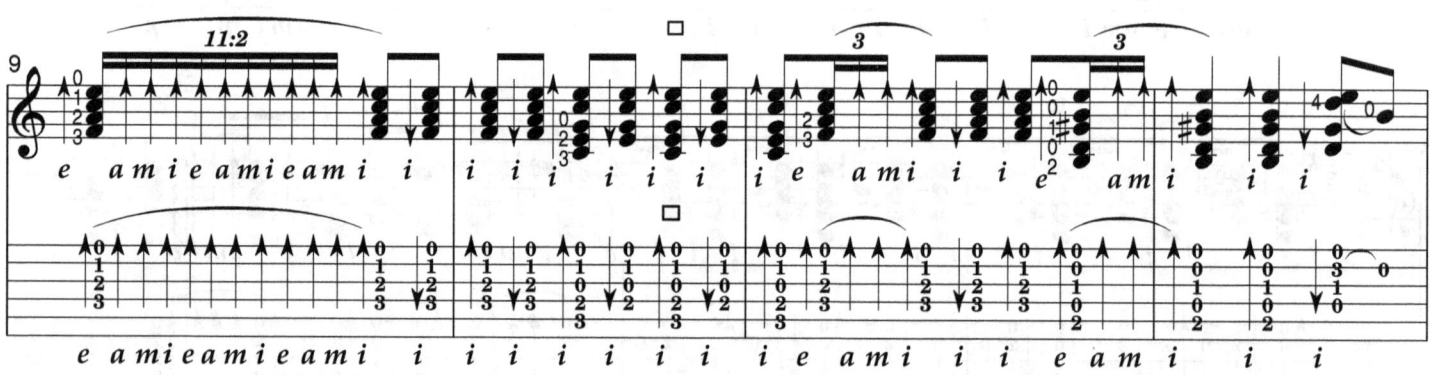

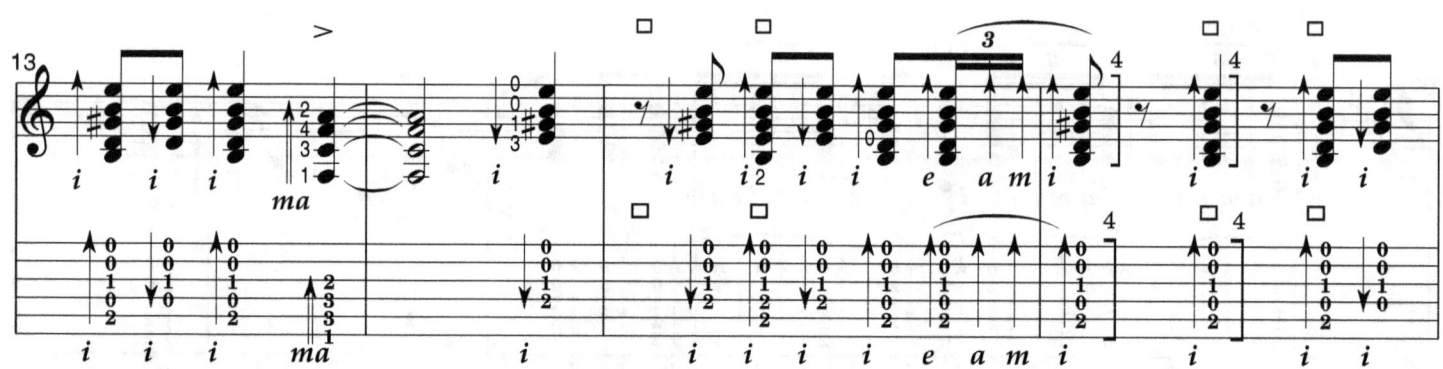

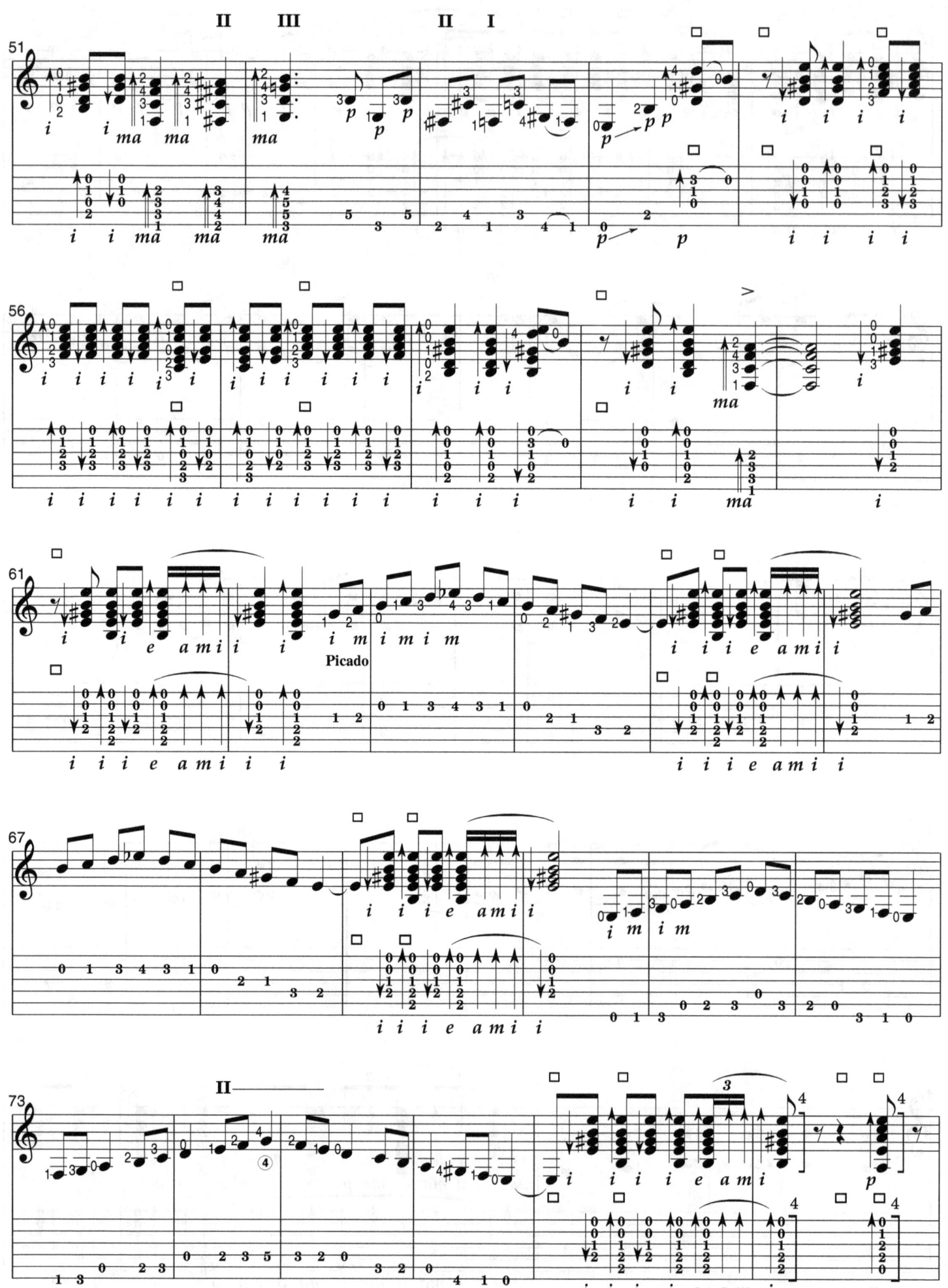

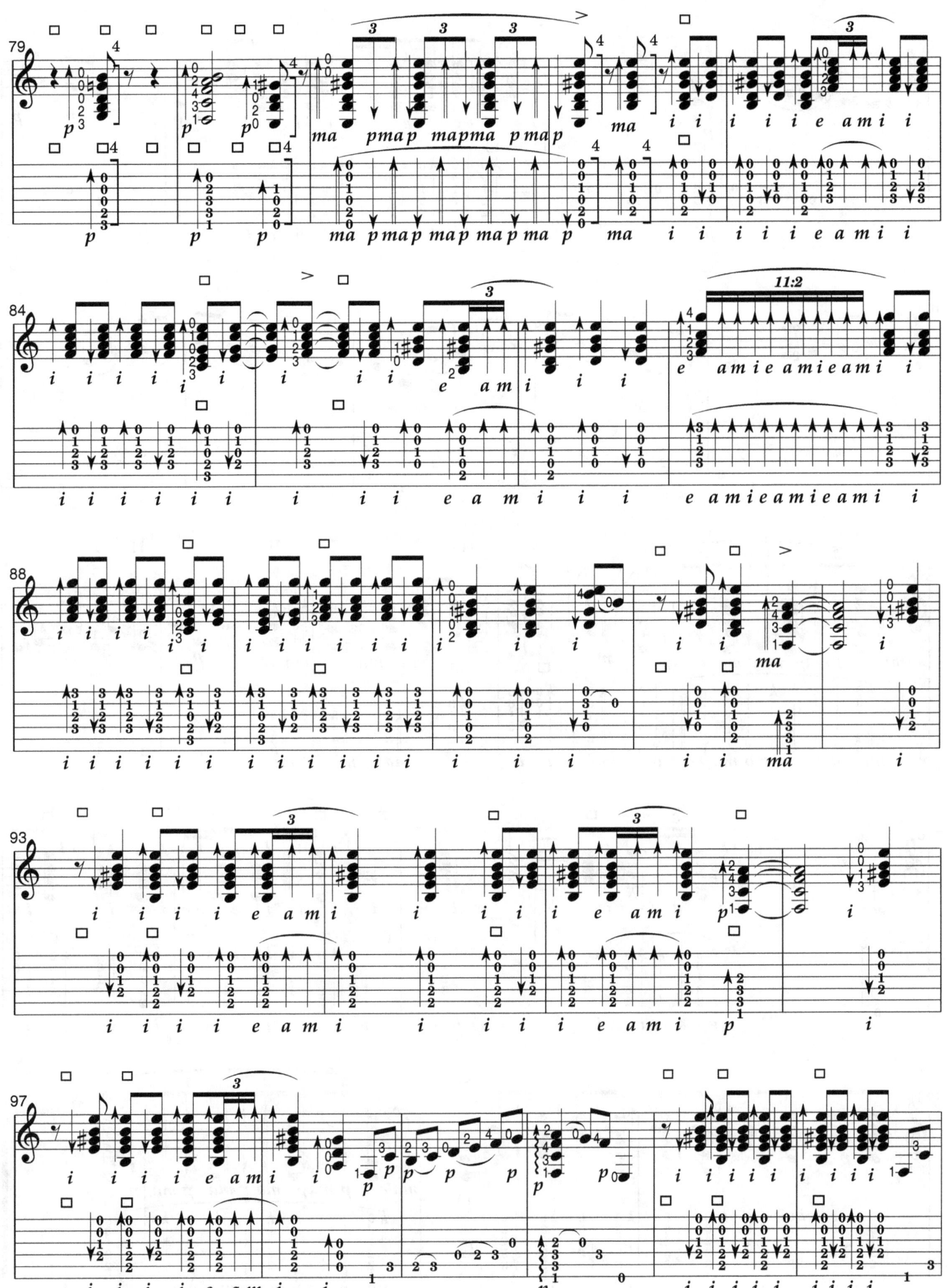

90 Bulerías Grade / Nivel 3

Rumba
del día nueve

GRADE NIVEL 3

Capo at 2nd fret
Cejilla al dos

Hold down chord
Dejar el acorde puesto

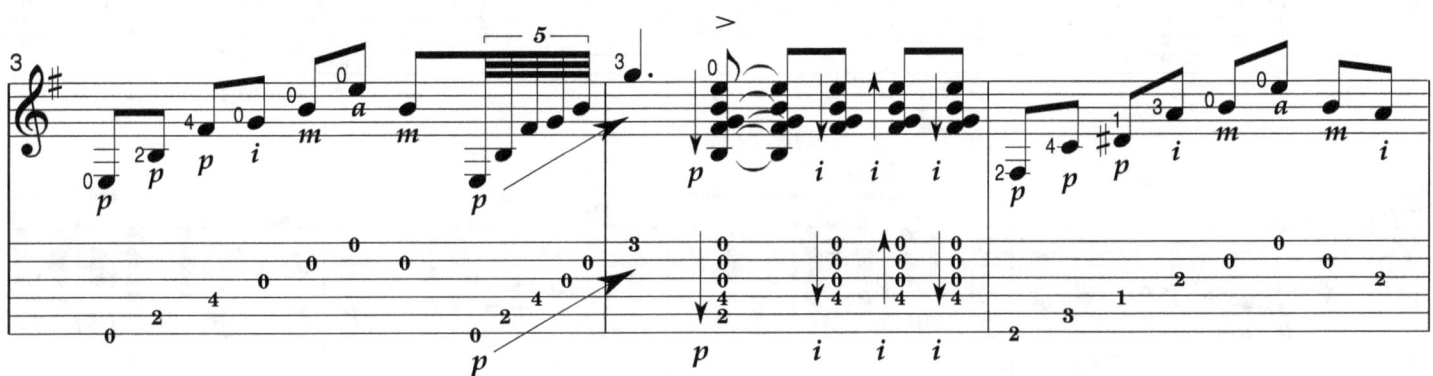

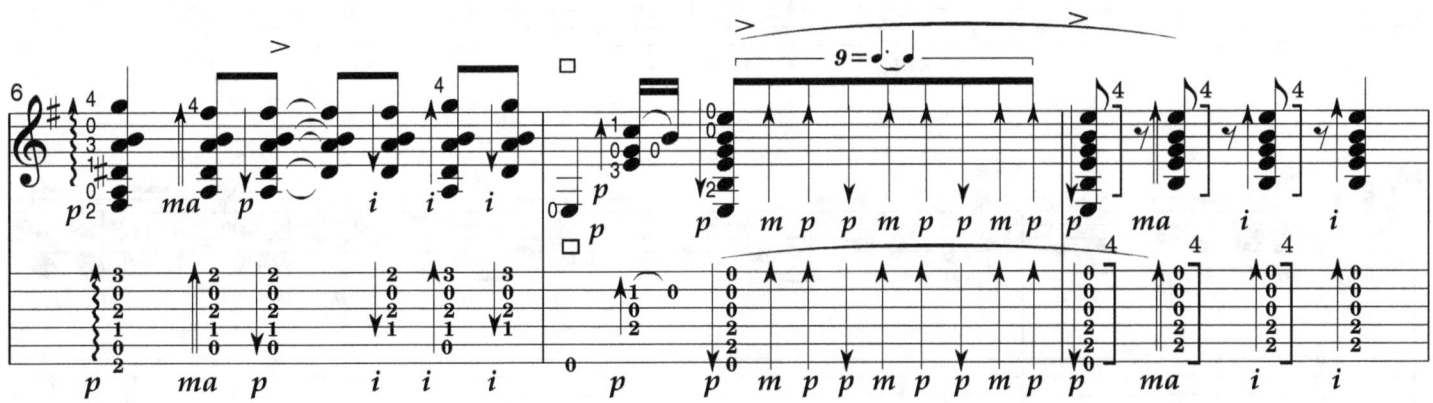

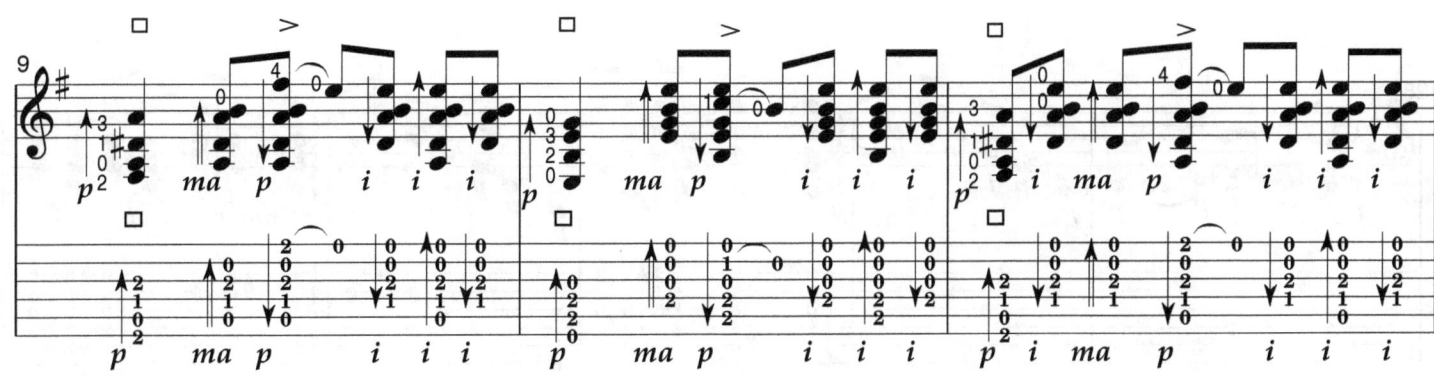

Malagueña
Vélez

GRADE NIVEL 3

Toque libre (in free time)

Capo at 2nd fret
Cejilla al dos

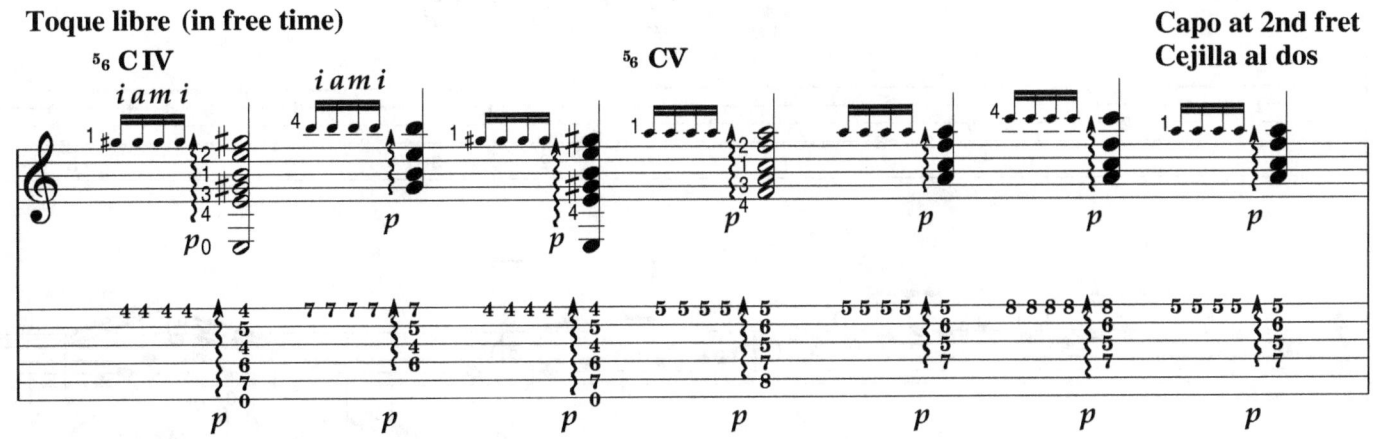
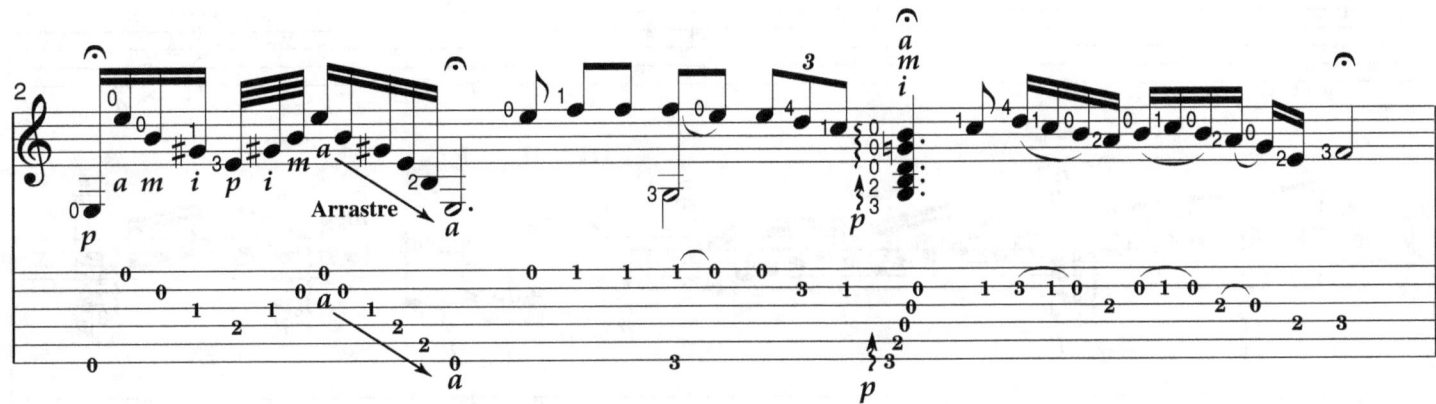
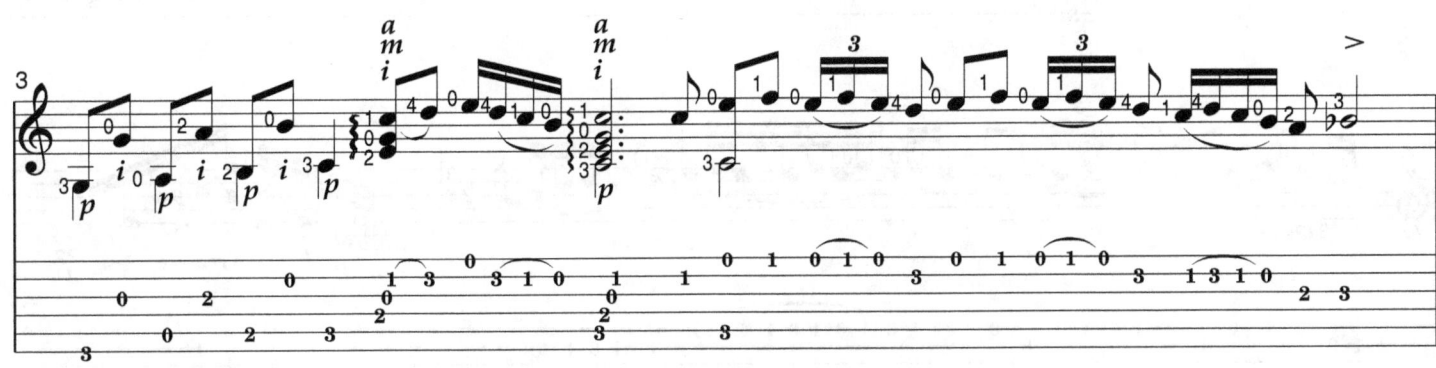

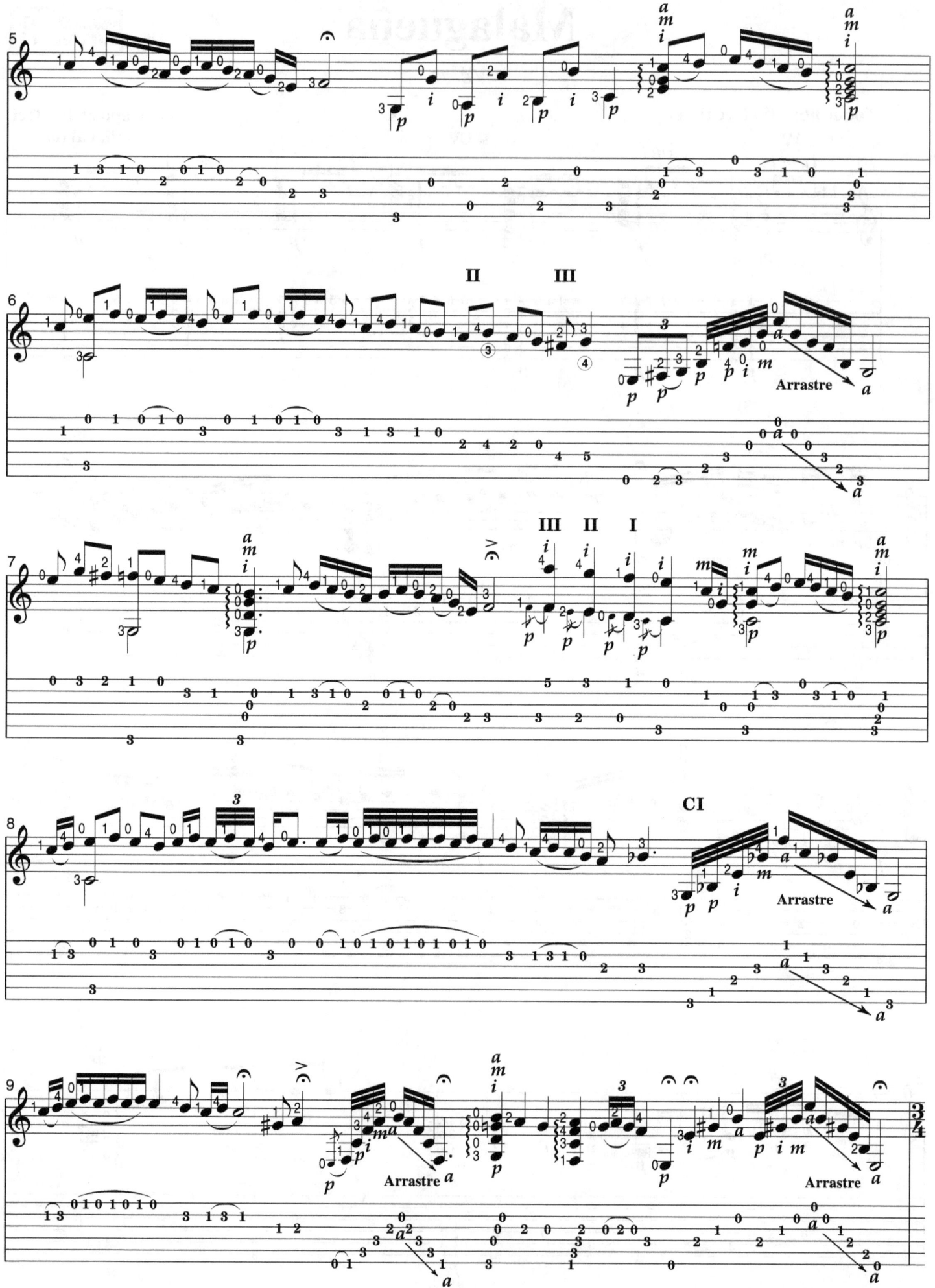

Granadinas
Albaicín

GRADE / NIVEL 3

Capo at 2nd fret
Cejilla al dos

Toque libre (in free time)

© Copyright 2001 *Juan Martín Music*
MCPS/PRS MUSIC ALLIANCE

PLAYING NOTES   GRADE 4

SOLEÁ (SOLEÁ GITANA)　　　　　　　　　　　　　　　　　　　　　　P. 103 AUDIO TRACK 32

This solo develops further the form of the Soleá, with a characteristic *gitano* (gypsy) feel to the rapid passages of the opening *rasgueos* and the traditional *falsetas* which are excellent for developing dexterity and strength in the thumb. They show how much can be achieved with simple elements.

SEGUIRIYAS (FALSETAS CLÁSICAS)　　　　　　　　　　　　　　　　　P. 105 AUDIO TRACK 33

By now you should be developing the techniques necessary to play this further version of the Seguiriya, which includes classic *falsetas* played by the great Niño Ricardo. An octave passage reaches higher positions of the guitar. Before this, at the top of the second page, there is quite a challenging arpeggio followed by *ligados* and *tirando* notes where nine notes are played within the duration of one quaver. Practise this very slowly at first, as is required for anything that extends your technique. It cannot be said too often that rhythm and feeling matter more than pure speed, so don't just try to get through these harder passages with a disorganised flurry of notes.

ZAPATEADO (TACONEOS)　　　　　　　　　　　　　　　　　　　　　P. 109 AUDIO TRACK 34

Zapateado, literally meaning "shoed" because of its origins as a dance with rapid footwork *(taconeo)*, is another *palo*, this time in the key position of C major. It can make an exciting solo. The rhythm is mainly 6/8 and this version ends in the Rumba rhythm in a syncopated 4/4. It is an excellent basis for developing your skill in *picado* and arpeggio. The triplet *rasgueo* appears again and the piece concludes with an example of continuous *rasgueo*, in which *e,a,m,i rasgueos* are repeated very quickly without any interruption of the rhythm. This comes more easily to some players than others, and is likely to need a great deal of practice. Some players prefer to use a repeated five-stroke *rasgueo* (*e,a,m,i,i*) but you should try the four-stroke version used here because it tends to give a smoother sound.

RUMBA (CANCIÓN POPULAR, MORE ADVANCED)　　　　　　　　　　　P. 114 AUDIO TRACK 35

This is the more advanced version of the Rumba previously played in Grade 1. It contains more demanding forms of *rasgueo* which have now been introduced elsewhere, and the chords used in the melodic passages include *a,m,i* three-note chords in place of the *m* and *i* two-note chords of the earlier version.

SOLEÁ POR BULERÍAS (RAÍCES)　　　　　　　　　　　　　　　　　P. 118 AUDIO TRACK 36

This *palo* is a form of Soleá played in the *por medio* key position. The impact of this solo depends on two main elements, of *rasgueo* and *alzapúa*, the latter in a triplet version as well as the semiquaver form we met before in the Alegrías. The challenge here is to develop the drive of the rhythm. This is established in the very first *compás*, which deserves a great deal of practice by itself, to get the right timing and accentuation of the 3, 6, 8, 10, 12 pattern on the index down-strokes combined with *golpes*.

TARANTAS (AIRES DE LA UNIÓN)　　　　　　　　　　　　　　　　　P. 121 AUDIO TRACK 37

This is a profound and tragic *toque libre* with the same harmonic basis as the rhythmic Tarantos of Grade 2. It starts with a very characteristic sequence of extended *ligado* on the lower strings punctuated by *arrastres*, followed by *trémolo* thumb-strokes, rapid *ligados* on the inner strings and then a melodic *falseta* which explores high positions on the guitar up to the twelfth fret above the capo or *cejilla* (here at the second fret). The next *falseta* develops the use of the *p,i,m,a* and *a,m,i* arpeggios before a concluding return of the rapid *ligados* on the 2nd, 3rd and 4th strings and a final, slower *arrastre* on the root chord.

ALEGRÍAS (OPENING THEME)　　　　　　　　　　　　　　　　　　　P. 126 AUDIO TRACK 38

At first hearing this piece will sound much too hard for Grade 4, because it is played at full speed as the opening theme of the video, but you have already met all the technical elements and the speed can come much later, when you have mastered the basic structure. It provides a good example of the flamenco music of today, with 'modern' chords and more syncopation (or *contratiempo*) in the rhythm, so that the accents may fall on the off-beats. The opening two *compases* are particularly worth studying (very slowly at first) for this reason, with the initial accents falling on the half beats after the third beat and the sixth beat. You will hear this often in the modern playing of Alegrías and Soleares. There are further developments in the *alzapúa* passages and the *rasgueo* with an exciting ending made up of triplet *rasgueos*, punctuated by little finger *apagados*. You are now getting to the stage where you can welcome something more challenging.

NOTAS SOBRE EL TOQUE   NIVEL 4

SOLEÁ (SOLEÁ GITANA)   P. 103 AUDIO TEMA 32
Este solo desarrolla más la forma de la Soleá, en un estilo muy gitano en los pasajes rápidos de rasgueos al principio y las falsetas tradicionales que ayudan aumentar la destreza y fuerza del pulgar. La música demuestra claramente lo que se puede crear con elementos sencillos.

SEGUIRIYAS (FALSETAS CLÁSICAS)   P. 105 AUDIO TEMA 33
El estudiante en este momento ya debe manejar las técnicas necesarias para tocar esta versión más avanzada de la Seguiriya, que por supuesto tiene falsetas clásicas del gran tocaor, Niño Ricardo. Un pasaje de octavas llega a posiciones más altas del diapasón. Antes de ésto, en la parte superior de la segunda página, hay un arpegio, seguido por *ligados* y notas tocadas *tirando*, que supone un desafío porque nueve notas se tocan dentro la duración de una corchea. Hay que practicarlo muy despacio al principio – como cualquier técnica exigente que es nueva o más difícil – que no sea ésto un pasaje chapucero sin definición. Hay que insistir de nuevo que el ritmo y la emoción tienen más importancia que la velocidad por la velocidad.

ZAPATEADO (TACONEOS)   P. 109 AUDIO TEMA 34
El Zapateado, así llamado por su origen como baile de taconeo rápido, es otro palo, en la postura de **do** mayor. Con este toque se puede crear un solo brillante. El compás por la mayor parte es de 6/8 y esta versión acaba en el ritmo de Rumba sincopado en 4/4. Es una base excelente para el desarrollo de la destreza del *picado* y los arpegios. El rasgueo de tres "en abanico" se utiliza otra vez y la composición acaba con un ejemplo del rasgueo continuo, en el cual los rasgueos de cuatro notas (*e,a,m,i*) se repiten muy rápidamente sin interrumpir el ritmo. Algunos tocaores pueden hacerlo con más facilidad que otros, y es probable que esta técnica vaya a necesitar mucha práctica. Algunos tocaores prefieren utilizar un rasgueo repetido de cinco notas (*e,a,m,i,i*) pero debe intentar tocar la versión de cuatro notas escrita aquí porque este rasgueo suena más seguido.

RUMBA (CANCIÓN POPULAR, MÁS AVANZADO)   P. 114 AUDIO TEMA 35
Esta versión es más avanzada que la versión previa del nivel 1. Contiene formas más difíciles de rasgueo, las cuales han sido introducidas en otros solos, y los acordes de los pasajes melódicos utilizan tres notas tocadas por *a,m,i* en lugar de los acordes de dos notas de la versión anterior.

SOLEÁ POR BULERÍAS (RAÍCES)   P. 118 AUDIO TEMA 36
Este palo es una forma de la Soleá y está en el tono *por medio*. El impacto de este solo depende de los dos elementos más importantes, el rasgueo y el *alzapúa*, que se toca en una versión compuesta de tresillos además de la versión de semicorcheas, la forma ya tocada en la Alegría. Aquí hay un desafío para obtener el impulso del ritmo. Ésto se establece en el primer compás que merece mucha práctica en sí para coger el fraseo y los acentos correctamente del compás de 3, 6, 8, 10 y 12, acentuando con el índice hacia abajo y el anular en un *golpe* simultáneo.

TARANTAS (AIRES DE LA UNIÓN)   P. 121 AUDIO TEMA 37
Profunda y trágica, la Taranta es un *toque libre* que tiene la misma base armónica como los acordes del Taranto rítmico del nivel 2. Empieza con una secuencia muy característica de *ligados* extendidos en los bordones, puntuados por *arrastres*, seguidos por *trémolos* antes de las notas de pulgar hacia abajo, *ligados* extendidos en las 2ª, 3ª y 4ª cuerdas y luego una falseta melódica que explora posiciones altas del diapasón, hasta 12 trastes más arriba que la cejilla (al 2 para este solo). La segunda falseta desarrolla el uso de los arpegios de *p,i,m,a* y *a,m,i* antes de volver a los *ligados* rápidos en las cuerdas 2, 3 y 4 y un arrastre para terminar en el acorde básico de **fa** sostenido.

ALEGRÍAS (TEMA INICIAL)   P. 126 AUDIO TEMA 38
Cuando se escucha este solo (el tema del video) por primera vez parece demasiado difícil para el nivel 4, porque se toca a toda velocidad. Sin embargo, ya hemos aprendido todos los elementos técnicos y es posible desarrollar la velocidad después de mucha práctica, después de que se haya llegado a dominar la estructura básica. Ésto es un buen ejemplo de la música flamenca de hoy, con acordes "modernos" y el uso del contratiempo, y es por ésto que los acentos están sincopados: por esta razón los dos primeros compases merecen mucho estudio (muy despacio al principio). Los acentos iniciales recaen sobre las corcheas después del 3er y 6º tiempos. Se escucha a menudo este contratiempo en el toque moderno de la Alegría y de la Soleá. Hay más desarrollos en los pasajes de *alzapúa* y de rasgueo, con un final emocionante compuesto de secuencias de rasgueos de tres "en abanico", puntuadas de *apagados* del meñique. Ahora estamos llegando a una etapa donde le convenga bien al aficionado un desafío.

NIVEL 4

A. REQUISITOS ESENCIALES

Incluir todos requisitos esenciales de los niveles 0 - 3.

Rasgueo

Notas de pulgar seguidas por semicorcheas de *i,p,i*.
Dos rasgueos consecutivos de cuatro notas con las primeras siete notas metidas dentro del tiempo de una negra o menos.
El rasgueo de tres con *p,m,p* o *ma,p,ma*.

Otros, mano derecha

Pasajes melódicos utilizando el pulgar en la 2ª y 1ª cuerdas.
La falseta empieza a contratiempo.

Mano izquierda

El *barré* sobre cuatro o más cuerdas.
Pasajes en posiciones más altas, hasta 12 trastes más arriba que la cejilla.

B. ELEMENTOS OPTATIVOS

Rasgueo

Rasgueo continuo.
Tres rasgueos seguidos de cuatro notas (*e,a,m,i*) dentro de un tiempo antes de una nota de pulgar arpegiado hacia abajo.

Otros, mano derecha

Seis notas y nueve notas metidas dentro del tiempo de una negra.
Notas repetidas de pulgar en tiempo de semicorcheas en una cuerda.
El *picado* *i,m* tocado como tresillos en tiempo de semicorcheas.
El *alzapúa* tocado en posiciones más altas.

Mano izquierda

Octavas en posiciones altas, hasta 13 trastes más arriba que la cejilla en la primera cuerda.
Acorde de **si** bemol en la 3ª posición utilizando medio *barré* y con el dedo 4 en el 7º traste.
Los acordes de **do**M y **fa**M en la 5ª posición, **la** M en la 9ª posición.
Otros acordes en posiciones más altas.
Ligados extendidos en los bordones

GRADE 4

A. ESSENTIAL REQUIREMENTS

Include all essential requirements of grades 0 to 3.

Rasgueo

Thumb down-strokes followed by *i,p,i* in semiquavers.
Two consecutive four-stroke *rasgueos* with first seven strokes falling within a crotchet beat or less.
Triplet *rasgueo* with *p,m,p* or *ma,p,ma*.

Other right hand

Melodic passages using thumb on second and first strings.
Falseta starts on off-beat.

Left hand

Barré across four or more strings.
Passages in higher positions, up to twelfth fret above the capo.

B. OPTIONAL ELEMENTS

Rasgueo

Continuous *rasgueo*.
Three consecutive four-stroke (*e,a,m,i*) *rasgueos* within a beat leading on to an arpeggiated thumb down-stroke.

Other, right hand

Sextuplets and 9-tuplets.
Repeated thumb-strokes in semiquavers on same string.
Picado *i,m* in semiquaver triplets.
Alzapúa in higher positions.

Left hand

Octaves in high positions (reaching to 13th fret above the capo on 1st string).
B flat chord position with partial barré in third position with 4th finger reach to 7th fret. C major chord position and F major similarly at 5th position, A major in 9th position. Other chords in higher positions.
Extended *ligados* on bass strings.

Soleá

Soleá gitana

Capo at 2nd fret
Cejilla al dos

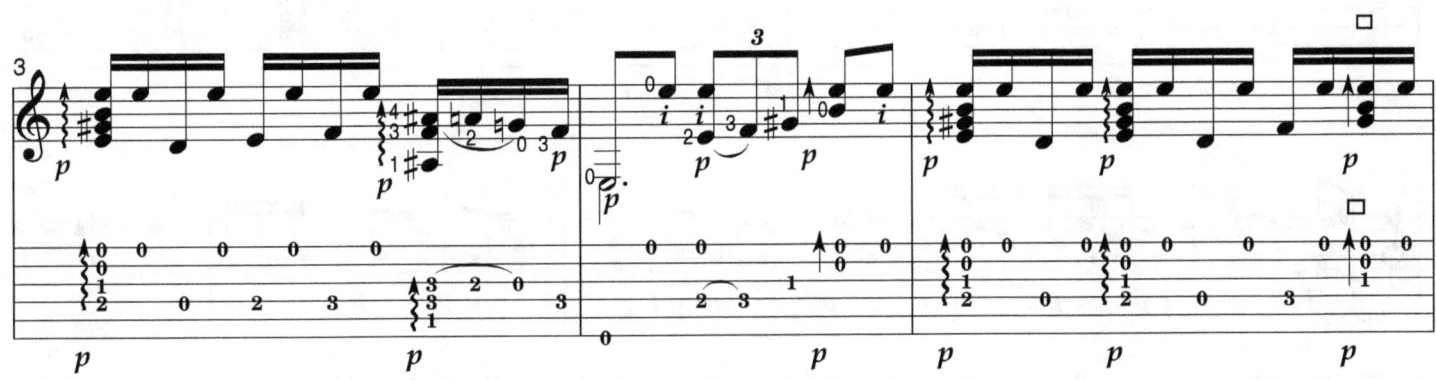

Seguiriyas

Falsetas clásicas

GRADE / NIVEL 4

Capo at 2nd fret
Cejilla al dos

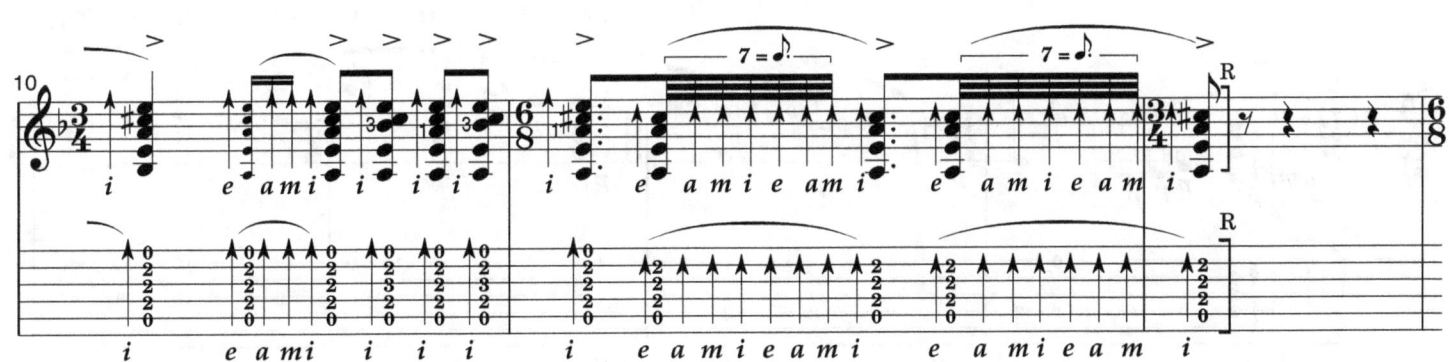

© Copyright 2001 *Juan Martín Music*
MCPS/PRS MUSIC ALLIANCE

Zapateado

Taconeos

Capo at 2nd fret
Cejilla al dos

© Copyright 2001 Juan Martin Music
MCPS/PRS MUSIC ALLIANCE

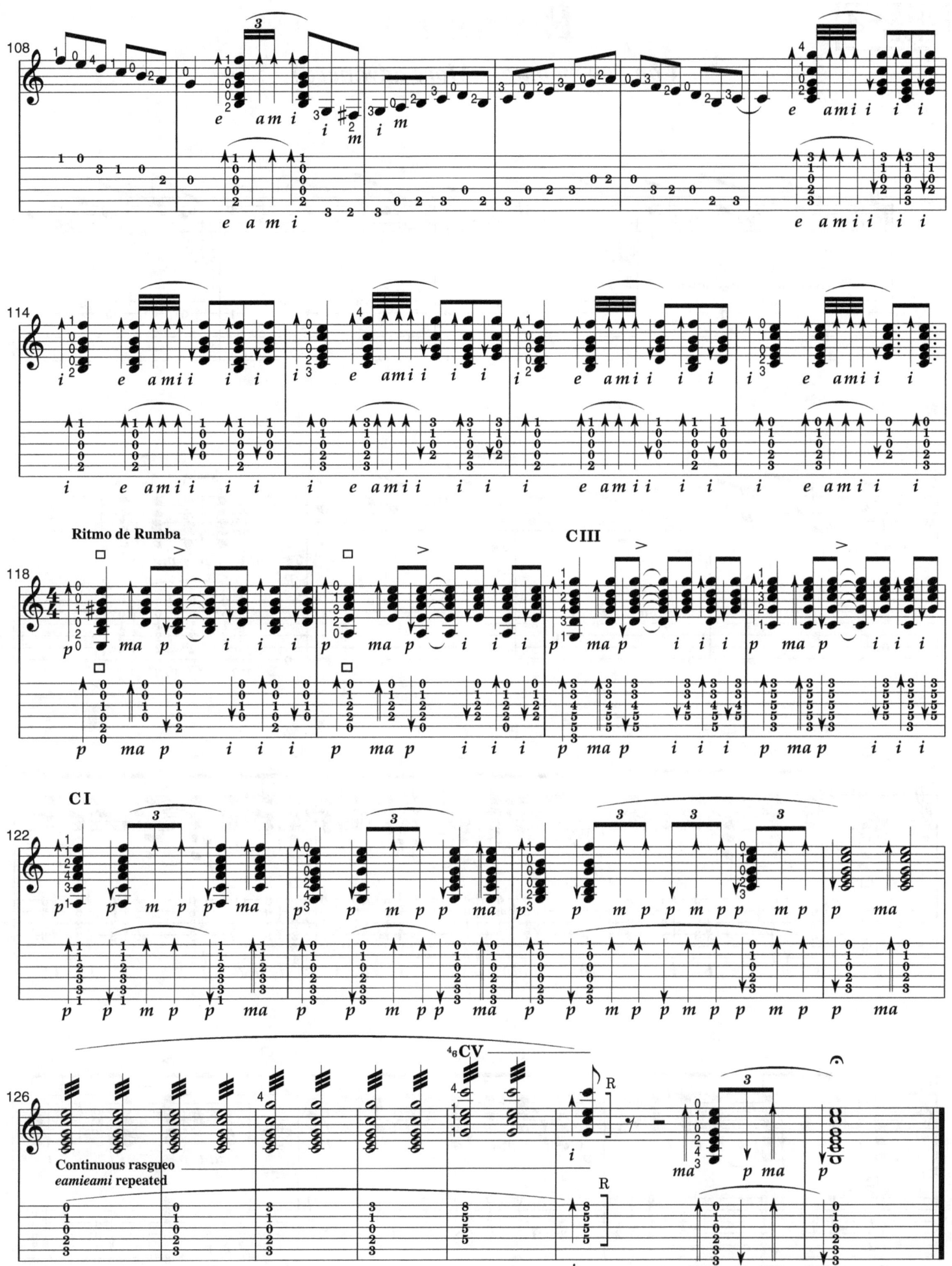

Rumba

Canción popular (More advanced)

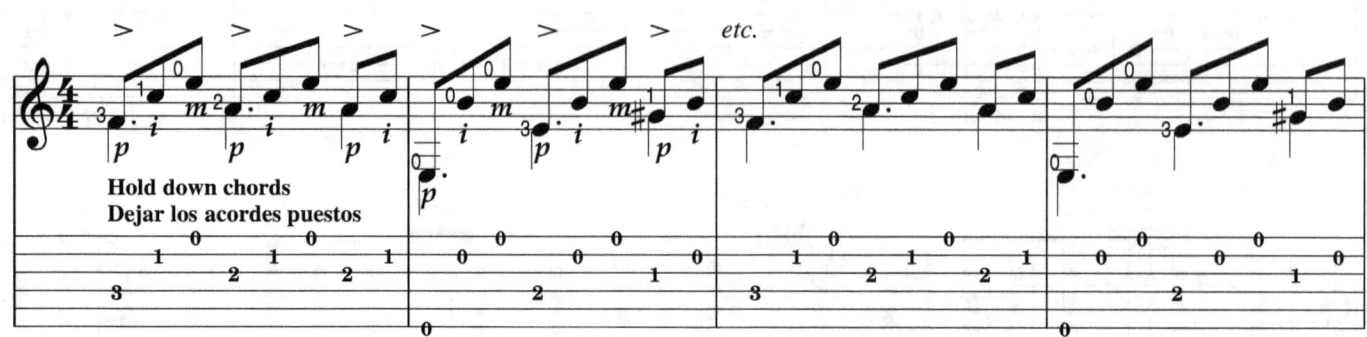

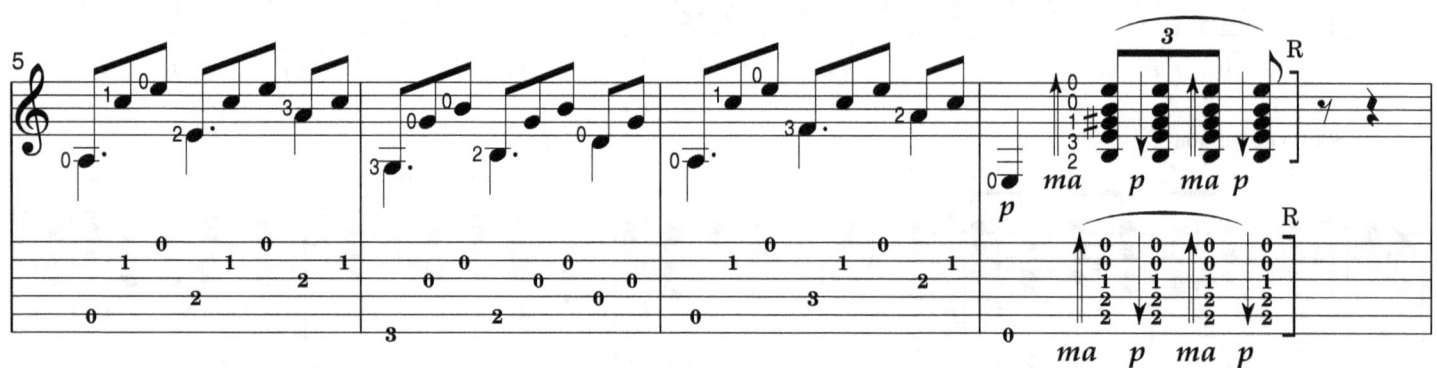

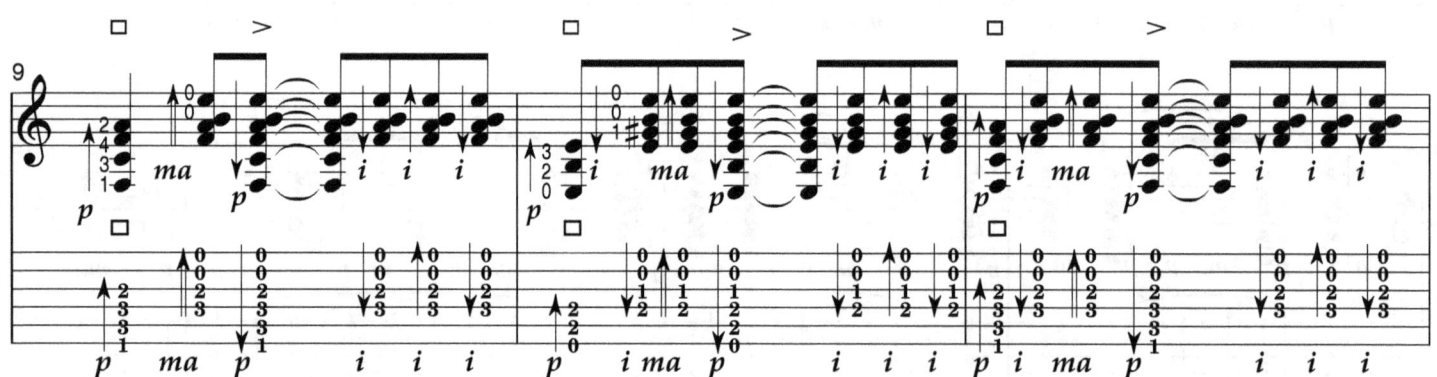

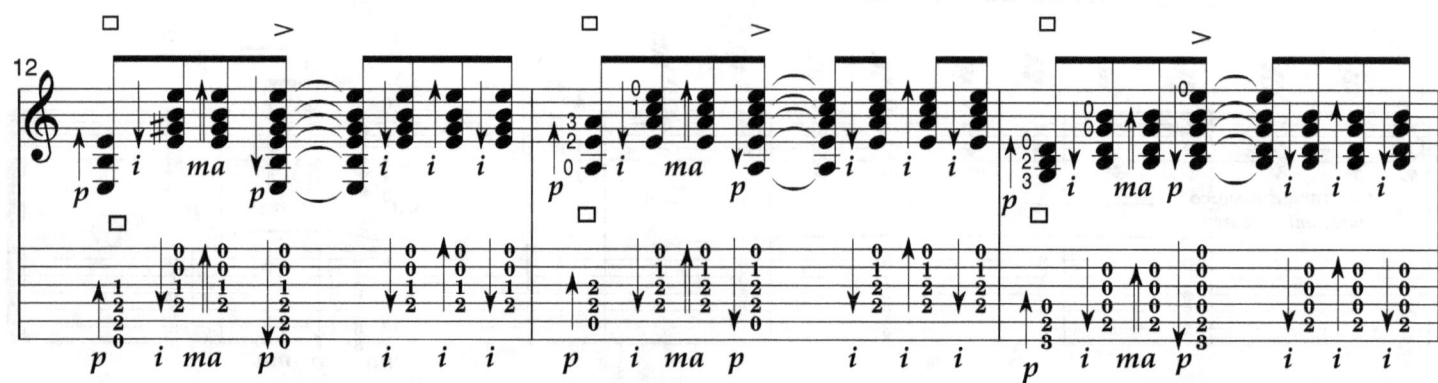

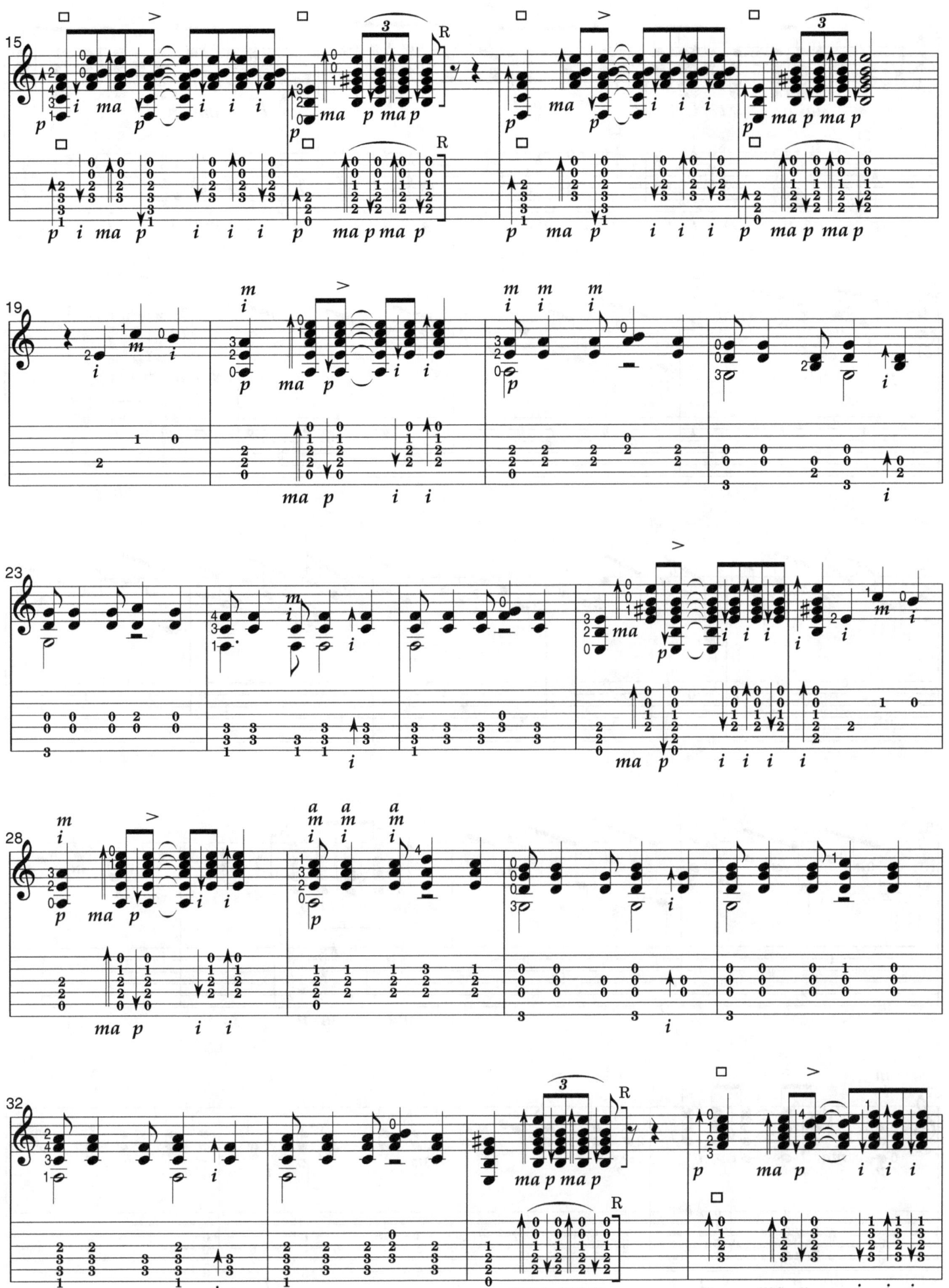

Soleá por Bulerías
Raíces

Capo at 3rd fret
Cejilla al tres

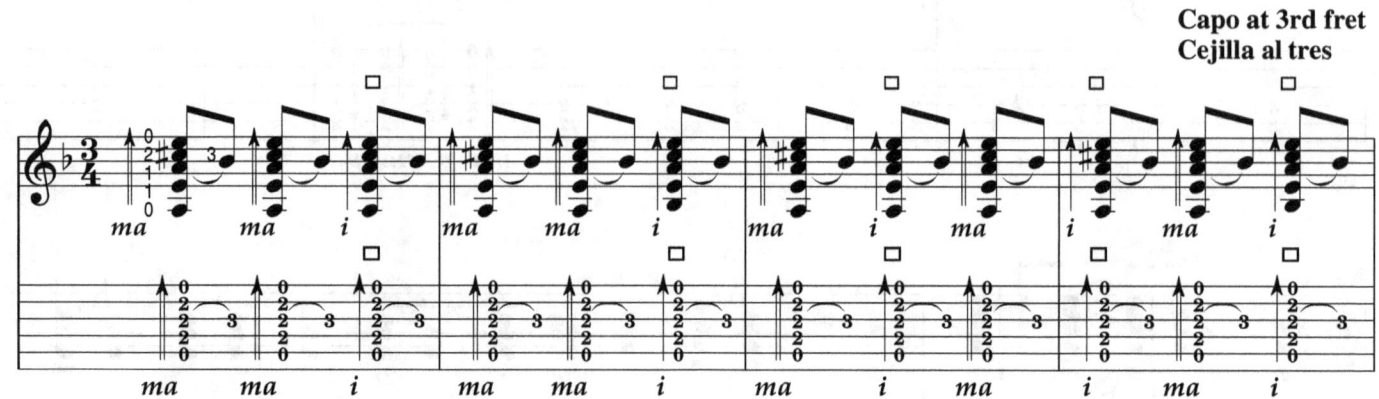
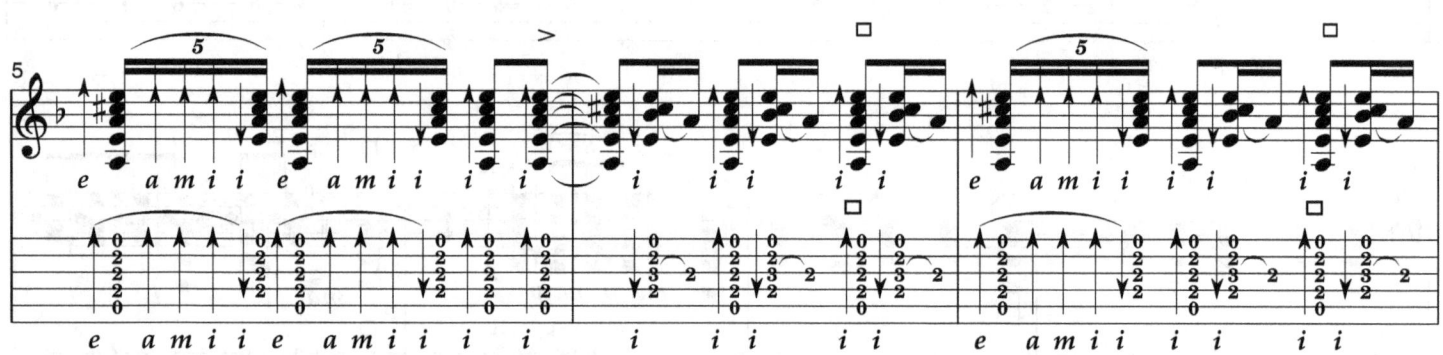
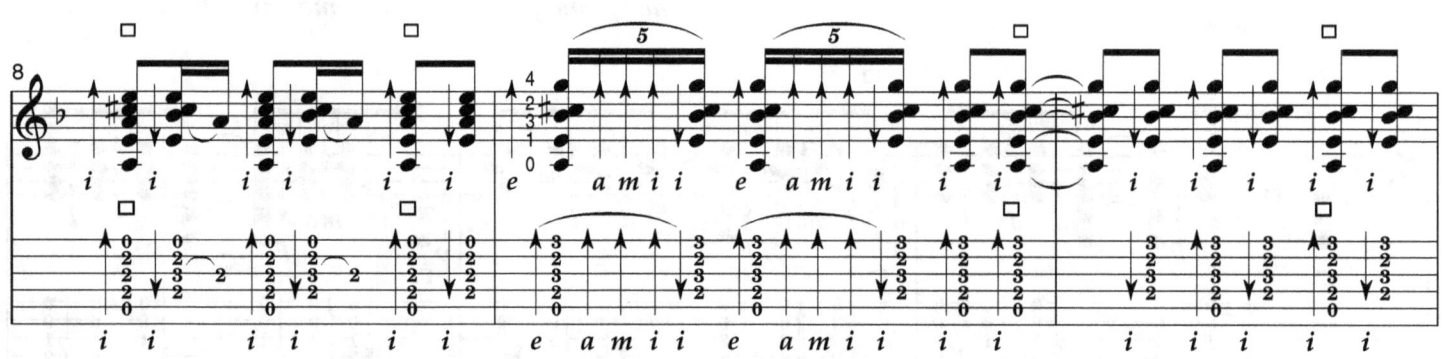
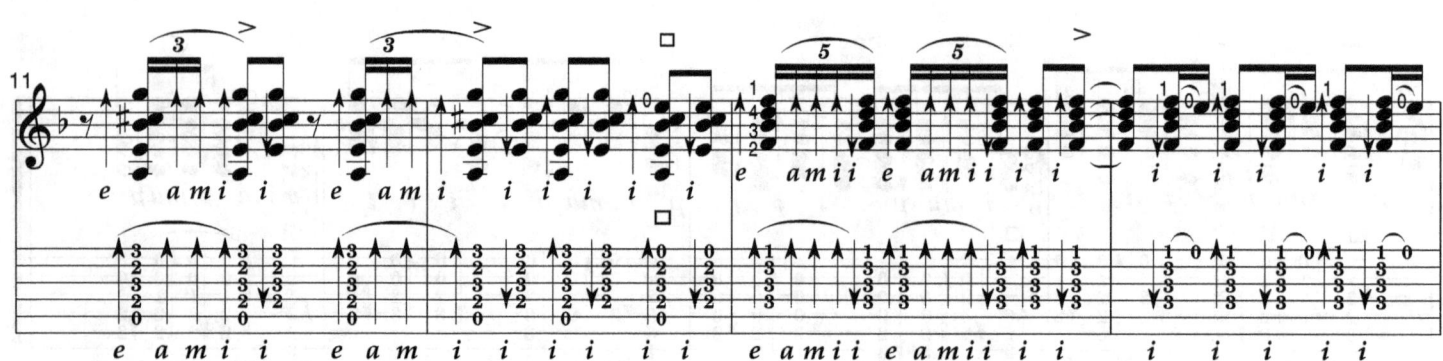

Tarantas
Aires de La Unión

Capo at 2nd fret
Cejilla al dos

GRADE / NIVEL 4

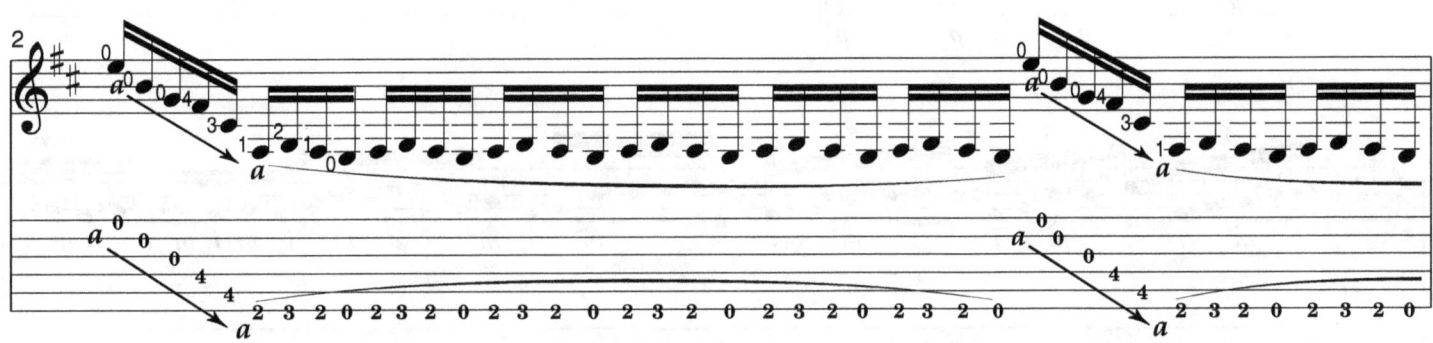
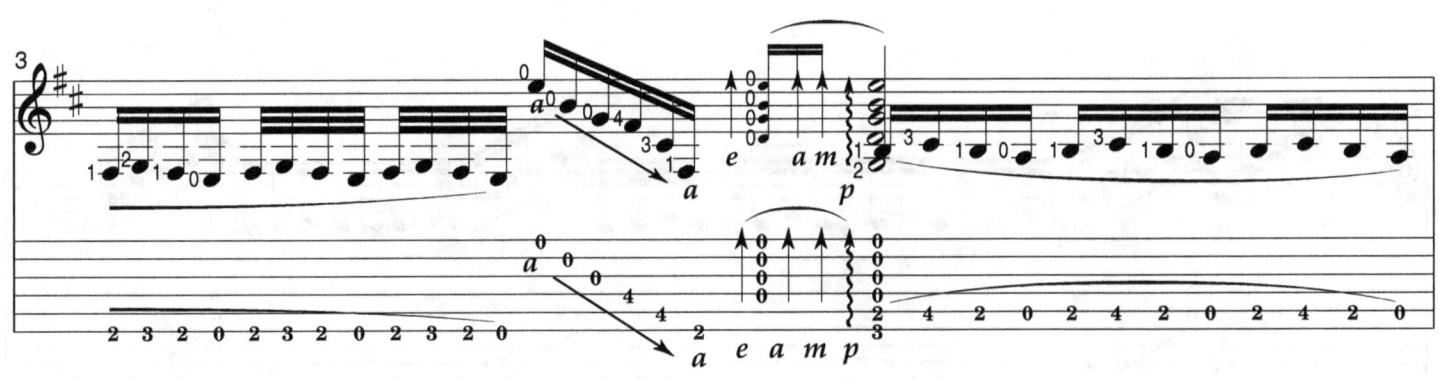
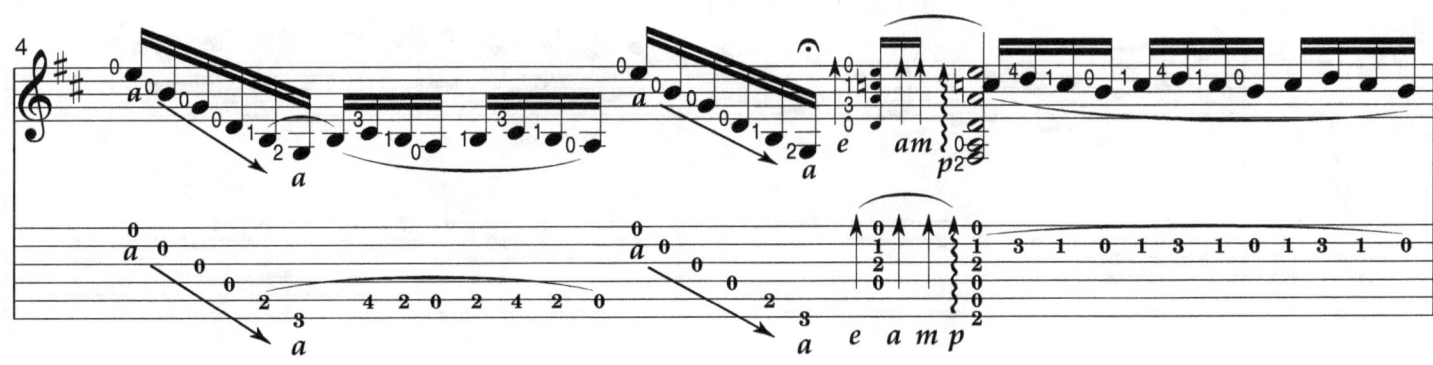

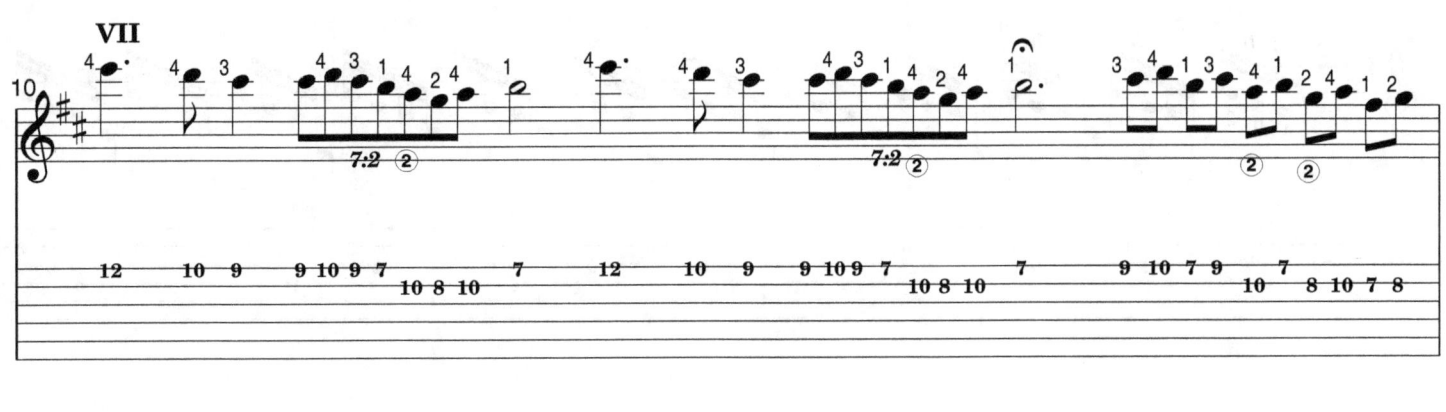
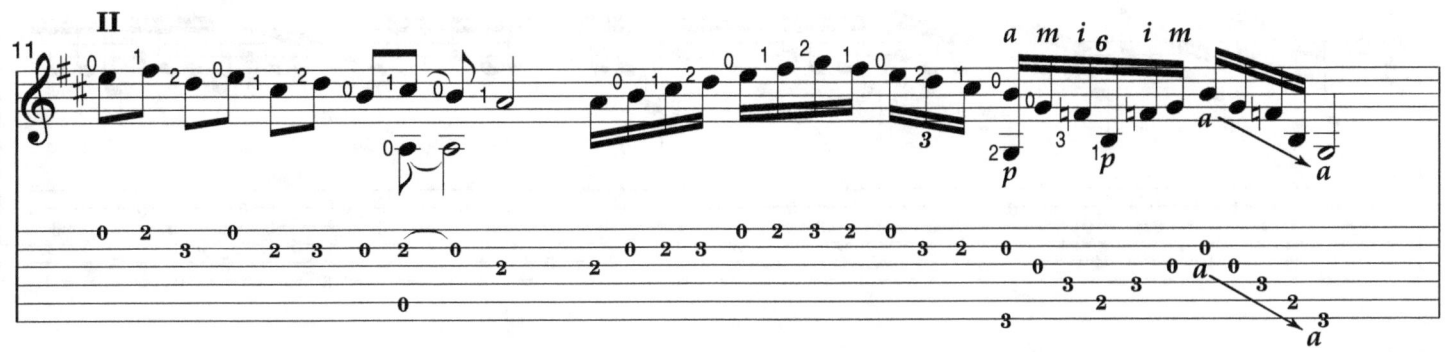
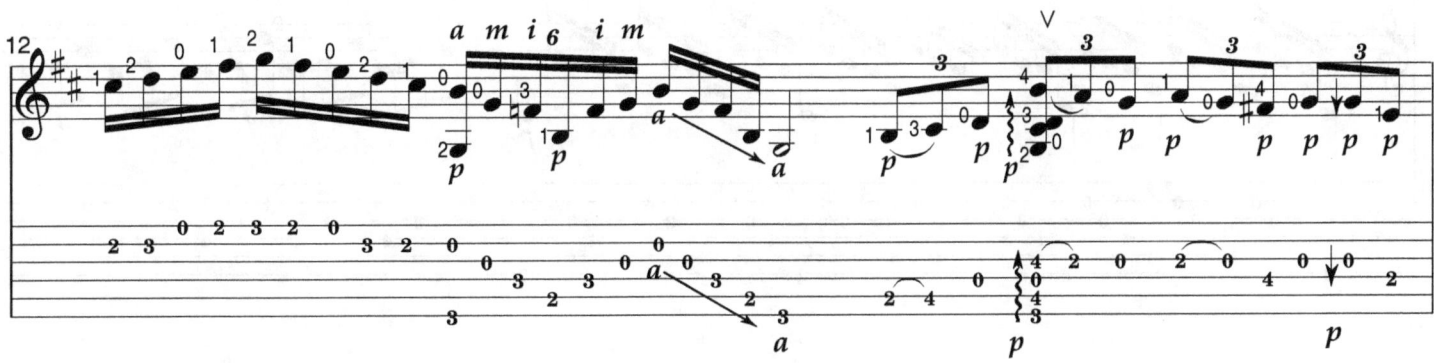

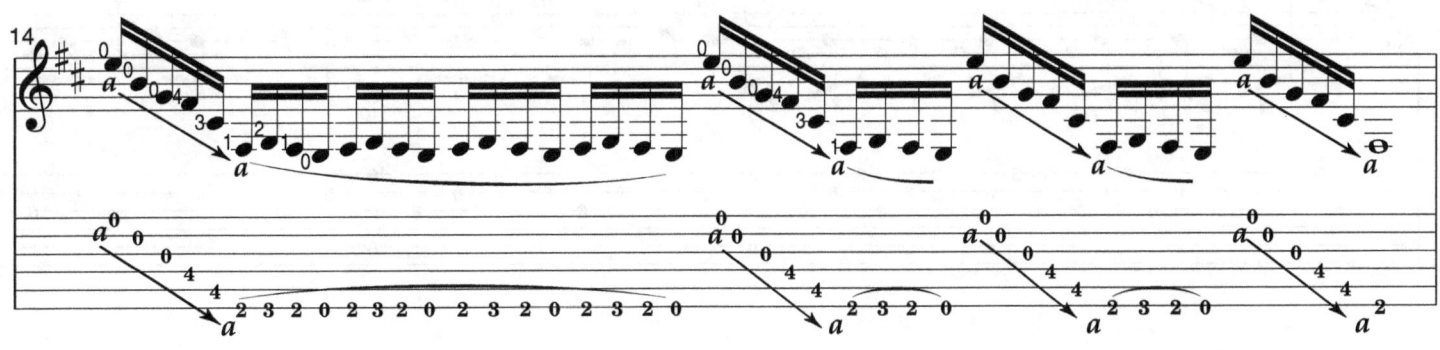

Grade / Nivel 4 Tarantas

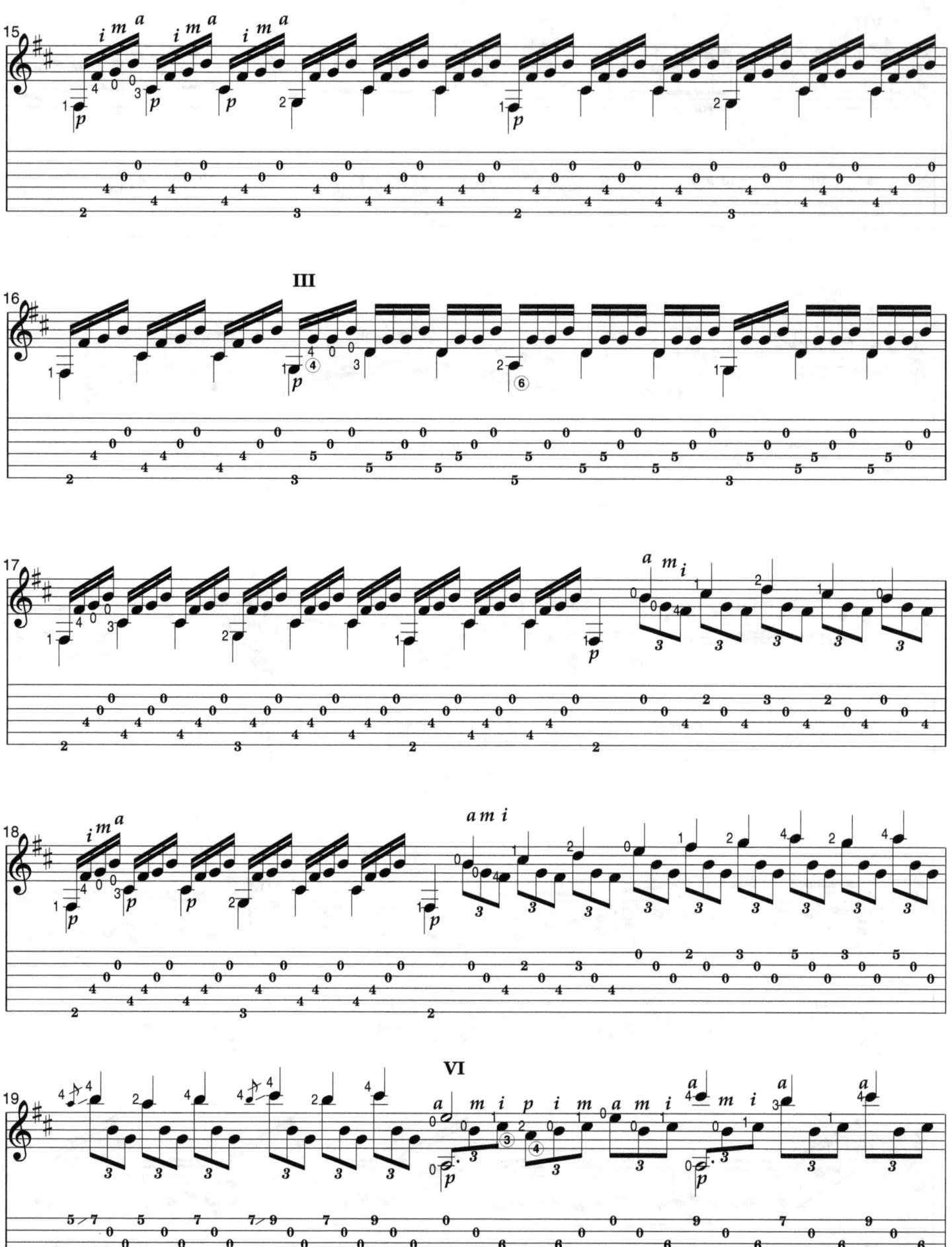

124 Tarantas Grade / Nivel 4

Alegrías

Tema inicial (Opening theme)

Capo at 1st fret
Cejilla al uno

© Copyright 2001 *Juan Martín Music*
MCPS/PRS MUSIC ALLIANCE

PLAYING NOTES   GRADE 5

SOLEÁ PARA ACOMPAÑAR   P. 131 AUDIO TRACK 39

The flamenco guitar sounds particularly exciting when the capo (*cejilla*) is placed at the higher frets. When placed as high as in this piece, at the 5th fret, the opportunities for melodic playing in higher positions are obviously limited, but it is excellent for accompanying. This piece is all about rhythm and the intense emotional charge of the Soleá: you need to imagine that you are accompanying a dancer. There are further developments in *rasgueo* techniques. The solo starts with four-stroke *rasgueos* repeated four times over two beats leading into an arpeggiated thumb-stroke on the third, accented beat. The next passage of *rasgueo* introduces a new syncopation with *golpes* followed by an up- and then a down-stroke with the index. The piece includes all the other *rasgueo* techniques you have already met (except the continuous *rasgueo*), together with *alzapúa* and the *trémolo* thumb-stroke.

TIENTOS (DE RICARDO A PACO)   P. 135 AUDIO TRACK 40

Niño Ricardo, of an earlier generation, and Paco de Lucía today have been extremely influential innovators whose music has been copied by many players. The Tientos, a *palo* with a great intensity of feeling, was first played in a simple form in Grade 0. Here you have a fully developed version with more advanced *falsetas* and new chords, in a solo which pays homage to both these great creators. An essential feature of the Tientos is its distinctive rhythm, which varies between 12/8 and 4/4. The latter notation does not do justice to its characteristic syncopation and the frequent use of an anticipated second beat. This may be harder to follow from the printed page than by careful listening.

SEGUIRIYAS (SABICAS Y RITMEO)   P. 140 AUDIO TRACK 41

Sabicas, too, must be acknowledged as another great innovator of the modern era, whose melodic and harmonic imagination provides an extraordinary range of inspiration. Here one of his masterly *falsetas* is followed by an extended passage of rhythmic *rasgueo*, such as you might hear played for a dancer, ending with a powerful conclusion of triplet *rasgueos*. *Golpes* and four-stroke *rasgueos* bring out the alternating 3/4 and 6/8 accents of the beat, and the chordal sequences create a strong melodic theme.

ALEGRÍAS (MELOCOTONES DE RONDA)   P. 143 AUDIO TRACK 42

The title, meaning *Peaches from Ronda*, is a quote from a famous song-verse or *copla* of a variant of the Alegrías, Mirabrás. This tuneful piece in the A major position offers a further development of the *palo*, making greater demands for speed and clarity in the playing of the *picado* scale passages with alternating *i* and *m*. *Rasgueos* include passages in higher positions.

VERDIALES (COPLAS MALAGUEÑAS)   P. 146 AUDIO TRACK 43

This composition offers a fully developed version of the tuneful form you met first in Grade 0. Melodic passages punctuated by *rasgueo* are in the form of song-verses with accompaniment, and the *toque* can sound even better when played on two guitars (or you could play along with a recorded backing-track). An outline of an accompaniment for Verdiales by a second guitar is provided as an Appendix on Page 158, starting with the E chord, which coincides with the start of the 8th bar.

BULERÍAS (DIEGO EN MENOR)   P. 150 AUDIO TRACK 44

The late Diego del Gastor (d.1973), celebrated now by a statue to his memory in his home town of Morón de la Frontera (Sevilla), is another legendary master of the flamenco guitar. He was recognised as a phenomenon by those who heard him play, but his playing was not well known outside his immediate circle until promoted by the American author and guitarist Donn Pohren. Diego was a particularly gifted player of the older-style *Bulerías al golpe*, and this solo, extended and arranged by Juan Martín, builds variations on his melodic *falsetas* and *rasgueo*, with some newer syncopation. The flamenco vibrato, which adds intensity and sustain, is used at the beginning, and elsewhere as indicated in the notation. The stopping finger or fingers pull sideways on the string(s), tightening and releasing the added tension in a quickly repeated movement.

GUAJIRAS (FROM CAÑA RAJÁ)   P. 155 AUDIO TRACK 45

The final solo on this video is a brief but fully developed form of the Guajira *palo* which concluded Grade 0. It includes parts of a recorded concert solo from the CD *Luna Negra* and introduces a new form of the flamenco *trémolo*, which consists of a thumb stroke on a bass string followed by a rapid sequence of *i,a,m,i* on a melody note, to create the impression of a flowing melodic line as might be played by a mandolin with an accompanying bass instrument. The alternating 3/4 and 6/8 form of the rhythm requires a modification of this pattern, with the interpolation of two elements formed by a thumb-stroke followed by a single *tirando* index stroke in each bar of 6/8. The overall effect should be both rhythmic and smoothly flowing. There is a lot to do!

NOTAS SOBRE EL TOQUE   NIVEL 5

SOLEÁ PARA ACOMPAÑAR   P. 131 AUDIO TEMA 39
La guitarra flamenca tiene un sonido muy intenso cuando la cejilla está puesta en los trastes altos. Cuando se pone tan alta como en este solo, en el 5º traste, limita las posibilidades para tocar en los trastes más altos, pero resulta excelente para acompañar. Esta pieza trata del ritmeo y la intensa carga de emoción de la Soleá. Hay que imaginar que estamos acompañando a una bailaora. Hay más progresos de las técnicas del rasgueo. El solo empieza con rasgueos de cuatro notas, repetidos cuatro veces dentro de la duración de dos tiempos antes de un rasgueo arpegiado de pulgar en el 3er tiempo, y acentuado. El próximo pasaje de rasgueo introduce un nuevo contratiempo de *golpes* seguidos por notas de índice rasgueadas hacia abajo y hacia arriba. La pieza encaja todas las otras técnicas de rasgueo (menos el rasgueo continuo) ya aprendidas, junto con el *alzapúa* y el *trémolo* antes de una nota del pulgar.

TIENTOS (DE RICARDO A PACO)   P. 135 AUDIO TEMA 40
El Niño Ricardo, de otra época, y hoy Paco Lucía, han sido creadores que han influido mucho: sus músicas han sido copiadas por muchos guitarristas. Los Tientos, un palo que tiene una profunda intensidad de emoción se tocó en forma sencilla en el nivel 0. Aquí tenemos una versión completamente desarrollada con falsetas más avanzadas y nuevos acordes, en un solo que rinde homenaje a dos grandes creadores. Una característica esencial de los Tientos es su ritmo distintivo que varía entre 12/8 y 8/8. Es difícil escribir en notación su sincopación exacta con el uso frecuente de marcar el segundo tiempo anticipado. Escuchar el ritmo detenidamente puede resultar más fácil que aprender de la notación.

SEGUIRIYAS (SABICAS Y RITMEO)   P. 140 AUDIO TEMA 41
Sabicas, también, merece reconocimiento como otro gran creador de la época moderna, cuya imaginación melódica y armónica proporciona una gama extraordinaria de inspiración. Aquí tenemos una de sus falsetas magistrales seguida por un pasaje extendido de rasgueo rítmico, como se podría escuchar en el toque para bailar. Ésto acaba con una conclusión potente de rasgueos de tres. Los *golpes* y los rasgueos de cuatro notas realzan los acentos de las barras alternas de 3/4 y 6/8 del compás, y hay un tema melódico en las secuencias de acordes.

ALEGRÍAS (MELOCOTONES DE RONDA)   P. 143 AUDIO TEMA 42
El título se refiere a una copla famosa de una variante de la Alegría, Mirabrás. Esta pieza melodiosa en el tono de **la** mayor ofrece un desarrollo más del palo, poniendo a prueba la necesidad de velocidad y claridad en el toque con las escalas del *picado i* y *m* alternos. Hay también pasajes de rasgueo en posiciones altas.

VERDIALES (COPLAS MALAGUEÑAS)   P. 146 AUDIO TEMA 43
Esta composición ofrece una versión completa del toque melodioso del cual hay una versión sencilla en el nivel 0. Pasajes melódicos, puntuados por rasgueos, tienen la forma de coplas del cante con acompañamiento. El toque puede sonar aún mejor cuando se toca con dos guitarras (o se puede tocar con el propio acompañamiento del tocaor grabado). Un esquema sencillo del acompañamiento de Verdiales está escrito en p.158, empezando con el acorde de **mi** mayor que coincide con el principio del pasaje rítmico en la barra 8.

BULERÍAS (DIEGO EN MENOR)   P. 150 AUDIO TEMA 44
Hoy hay una estatua en memoria de Diego del Gastor, quien murió en 1973, en su ciudad de Morón de la Frontera (Sevilla). Es otro gran maestro de la guitarra flamenca. Los que le oyeron tocar le reconocieron como un fenómeno, pero su toque era poco conocido fuera de los círculos de aficionados, hasta que fue muy promocionado por Donn Pohren, autor y guitarrista norteamericano. Diego era un tocaor de gran talento sobre todo por Bulerías *al golpe,* un estilo antiguo, y este solo, extendido y arreglado por Juan Martín, crea unas variaciones sobre sus falsetas melódicas y su ritmeo, con un poco de contratiempo de aire moderno. El vibrato flamenco da intensidad y alarga las notas; se utiliza al principio y en otras partes, como indica la notación. El dedo (o dedos) que aprieta la cuerda se tira a un lado, tensando y relajando la tensión en un movimiento repetido con rapidez.

GUAJIRAS (FROM CAÑA RAJÁ)   P. 155 AUDIO TEMA 45
El último solo de este video es una forma breve pero completa de la Guajira, que terminó el nivel 0. Incluye una parte de un solo de concierto ya grabado en el CD *Luna Negra* e introduce una nueva forma del *trémolo* flamenco, que consta de una nota de pulgar en un bordón seguido por una secuencia rápida de *i,a,m,i* tocando una nota de la melodía, para que dé una impresión de una fluida línea melódica, como si fuera una mandolina con un acompañamiento tocado por otro instrumento más bajo. El compás de barras alternas de 3/4 y 6/8 requiere una modificación de esta forma, con la interpolación de dos elementos compuestos por una nota de pulgar y luego una nota individual de índice en cada barra de 6/8. El efecto total debe ser rítmico y suavemente fluido. ¡Hay mucho que hacer!

NIVEL 5

A. REQUISITOS ESENCIALES

Incluir todos los requisitos esenciales para los niveles 0 - 4.
Se debe incluir la Bulería (*Diego en menor*) y por lo menos una versión de las Seguiriyas o Tientos.

RASGUEO

Cuatro rasgueos seguidos de cuatro notas de duración de dos tiempos, terminando con un acorde arpegiado de pulgar hacia abajo.
Rasgueos de cinco notas acentuando la última nota hacia arriba.
Notas sincopadas (a contratiempo) con el índice tocando hacia arriba y hacia abajo y golpeando a tiempo (como en las barras 13,14 y 15 de la Soleá).

OTROS, MANO DERECHA

El *alzapúa* en forma más lenta en tiempo de semicorcheas (como en las barras 22 y 23 de la Soleá).
El trémolo *i,a,m,i* terminando con un acorde arpegiado de pulgar hacia abajo.
Arpegio *de campanela* utilizando *p*, *a+m*, *i*.

MANO IZQUIERDA

El *barré* completo sobre seis cuerdas.

B. ELEMENTOS OPTATIVOS

RASGUEO

Cinco rasgueos de cuatro notas metidos en tres tiempos del compás.
Rasgueo de *p* (hacia abajo), *p* (hacia arriba), *m* (hacia abajo) y *p* (hacia abajo) en semicorcheas antes de *p* (hacia arriba).

OTROS, MANO DERECHA

El *alzapúa* en formas más rápidas.
El *picado i,m* en escalas rápidas.
El *picado m,i,m,i* en tiempo de semicorcheas con acompañamiento de bajos.
El trémolo de cinco notas (*p,i,a,m,i*).

MANO IZQUIERDA

Más acordes con el *barré*. El dedo 4 en la postura de **do** M relativo al *barré*.
El uso del vibrato.

GRADE 5

A. ESSENTIAL REQUIREMENTS

Include essential requirements for Grades 0 to 4.
The Bulerías (*Diego en menor*) must be included and at least one of the Seguiriyas or Tientos.

RASGUEO

Four consecutive four-stroke *rasgueos* occupying two beats, leading to arpeggiated thumb down-stroke.
Five-stroke *rasgueos* leading to final index up-stroke on the beat.
Syncopated (*contratiempo*) index up- and down-strokes off the beat with *golpes* on the beat (as shown in measures 13, 14, and 15 of Soleá).

OTHER, RIGHT HAND

Alzapúa in the slower form, with thumb-strokes as semiquavers (as in bars 22 and 23 Soleá).
Trémolo i,a,m,i leading into arpeggiated thumb down-stroke.
Arpeggio *de campanela* with *p*, *a+m*, *i*.

LEFT HAND

Full barré across all six strings.

B. OPTIONAL ELEMENTS

RASGUEO

Five consecutive four-stroke *rasgueos* within three beats.
Rasgueo with *p* (down-stroke), *p* (up-stroke), *m* (down-stroke) and *p* (down-stroke) in semiquavers, then *p* (up-stroke).

OTHER, RIGHT HAND

More rapid forms of *alzapúa*.
Extended *picado i,m* scale runs at speed.
Picado m,i,m,i in semiquavers with thumb accompaniment in bass.
Five-stroke *trémolo* (*p,i,a,m,i*).

LEFT HAND

More chords with barré, including 4th finger in C major shape relative to barré.
Vibrato.

Soleá
para acompañar

Capo at 5th fret
Cejilla al cinco

GRADE / NIVEL 5

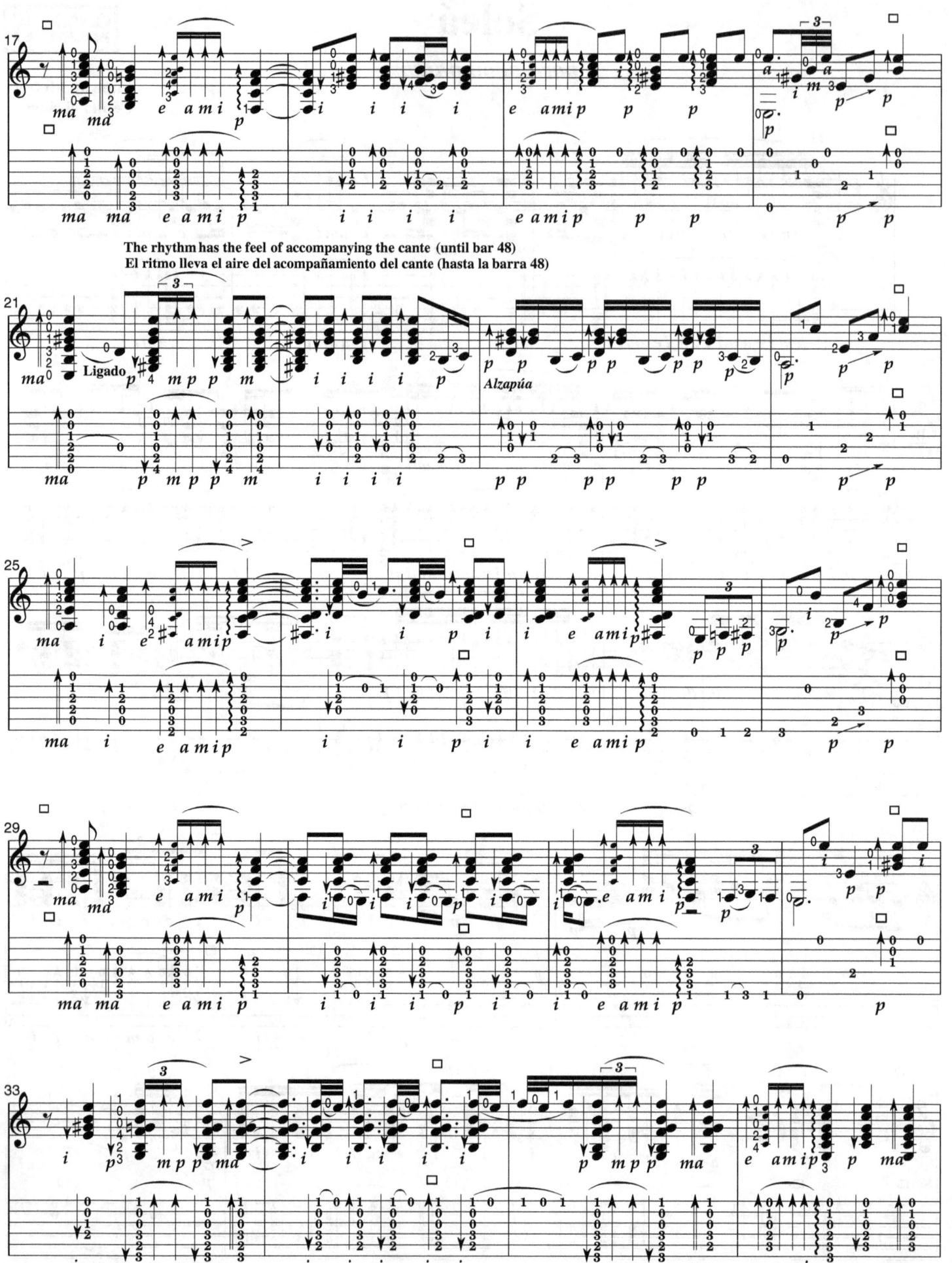

The rhythm has the feel of accompanying the cante (until bar 48)
El ritmo lleva el aire del acompañamiento del cante (hasta la barra 48)

132 Soleá Grade / Nivel 5

Tientos

De Ricardo a Paco

Capo at 3rd fret
Cejilla al tres

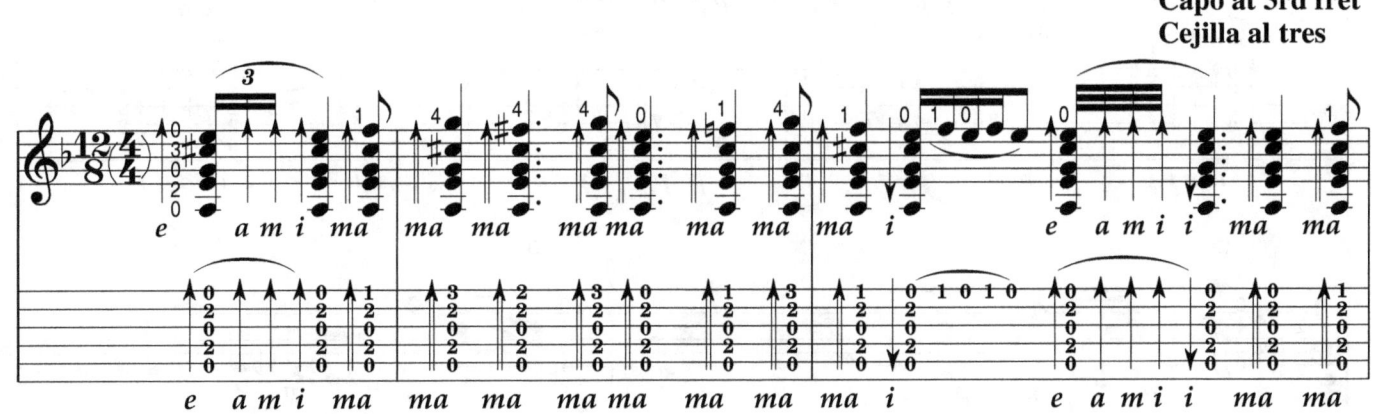

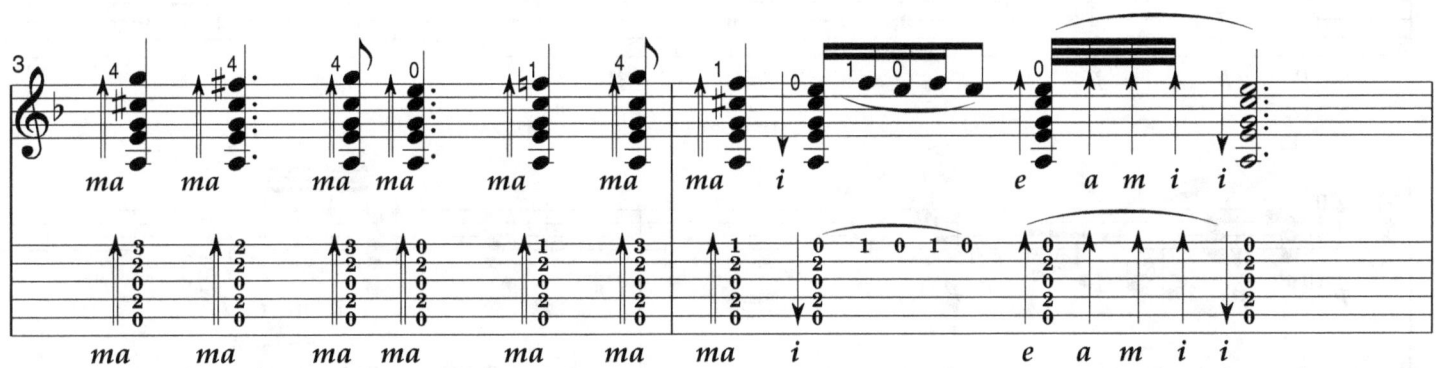

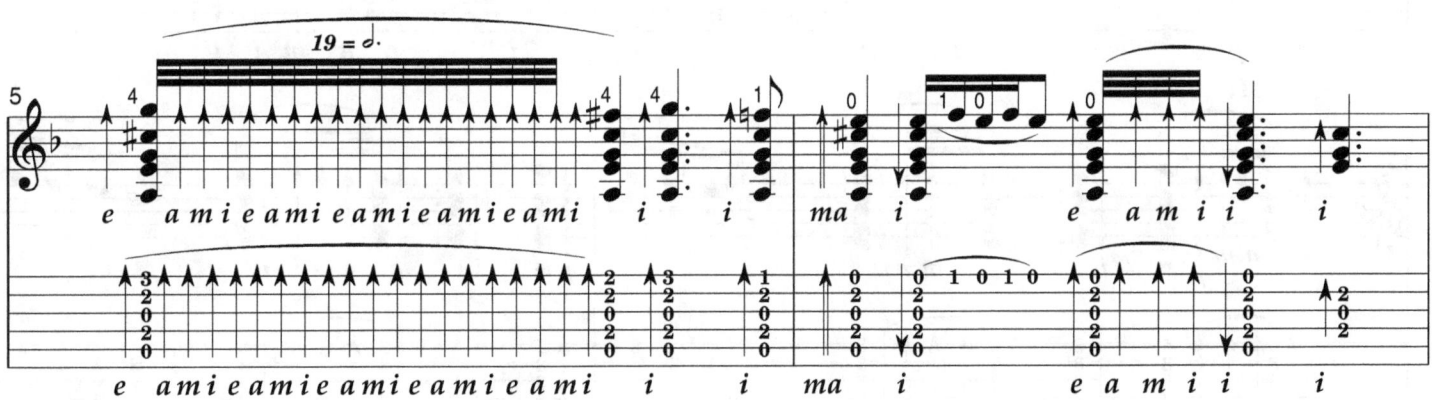

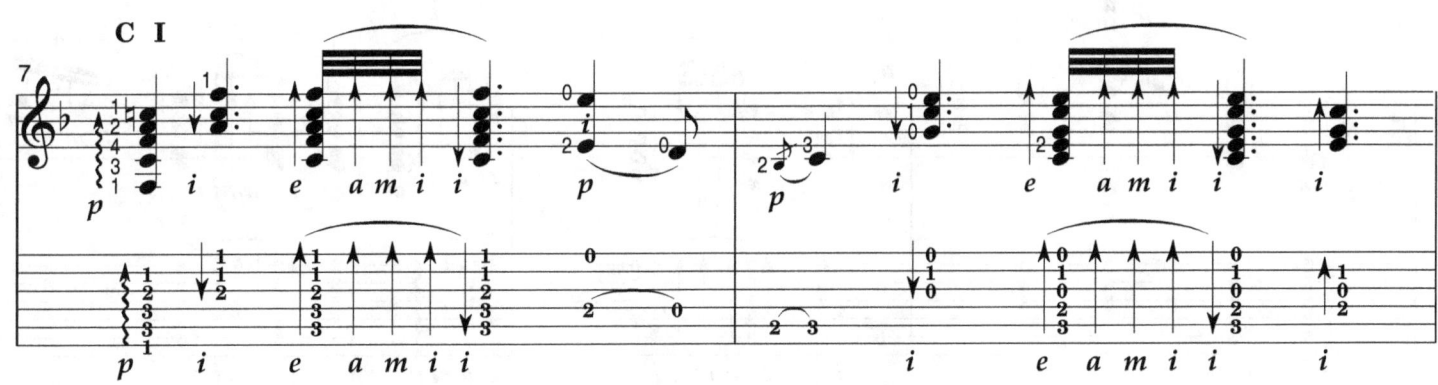

© Copyright 2001 *Juan Martin Music*
MCPS/PRS MUSIC ALLIANCE

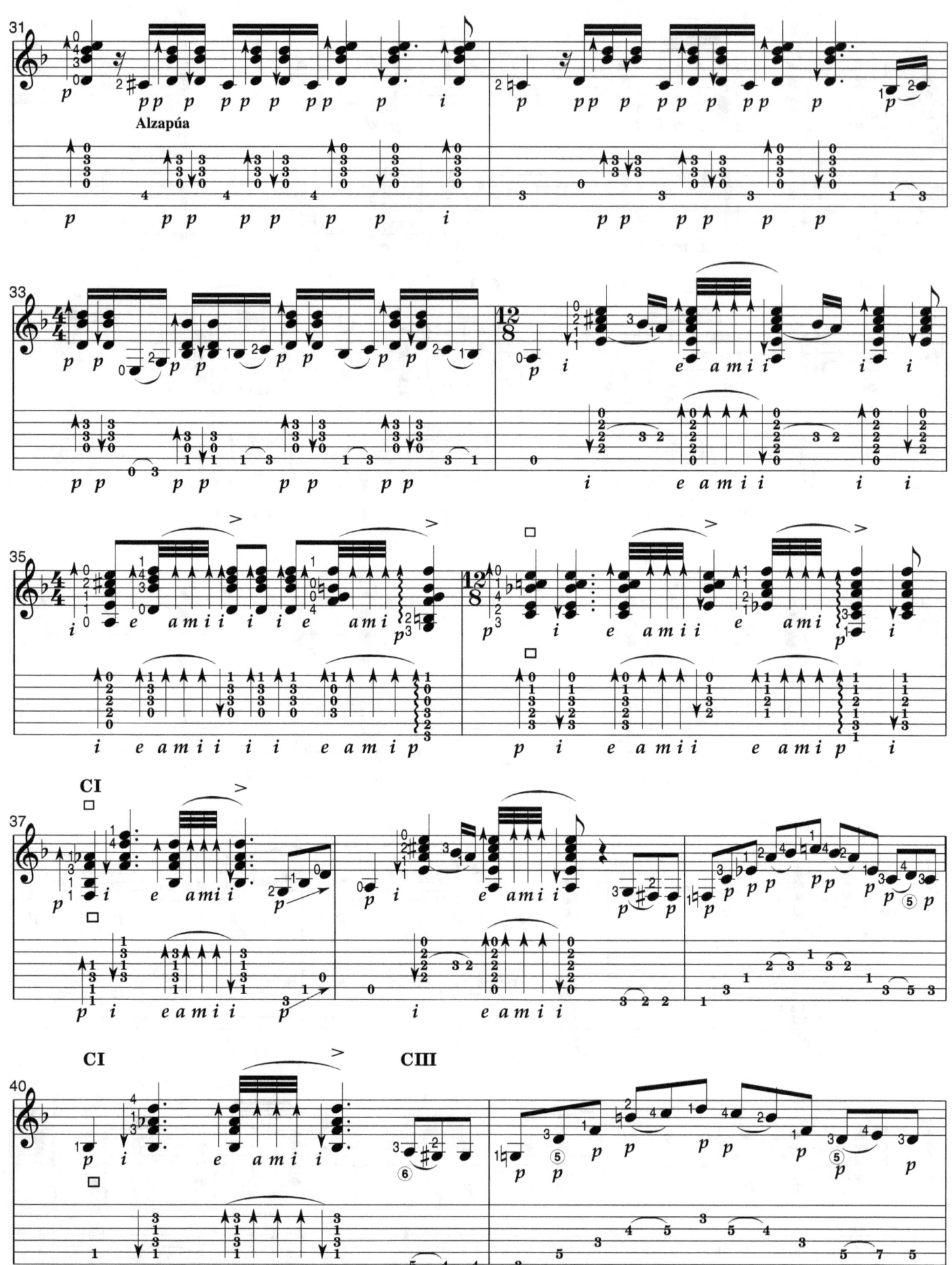

Seguiriyas
Sabicas y ritmeo

Capo at 2nd fret
Cejilla al dos

Alegrías
Melocotones de Ronda

GRADE / NIVEL 5

Capo at **2nd** fret
Cejilla al dos

Verdiales
Coplas malagueñas

Capo at 2nd fret
Cejilla al dos

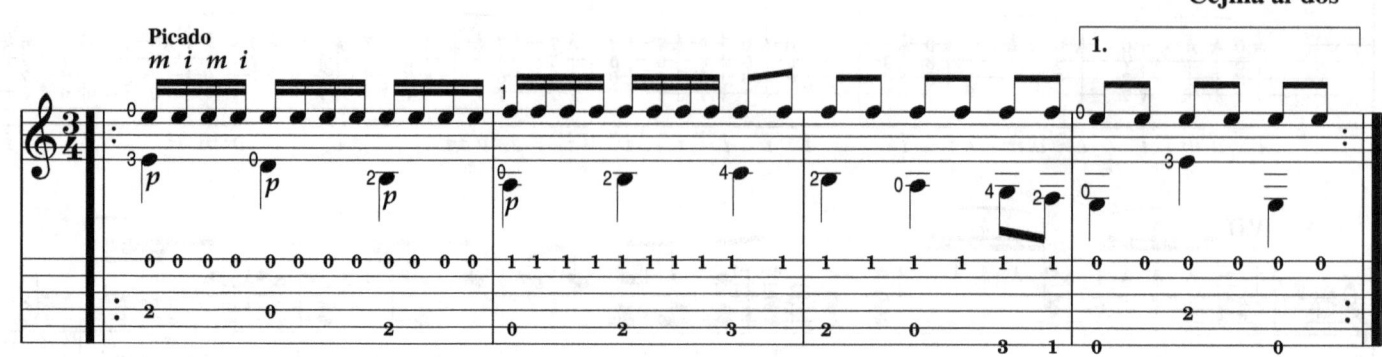
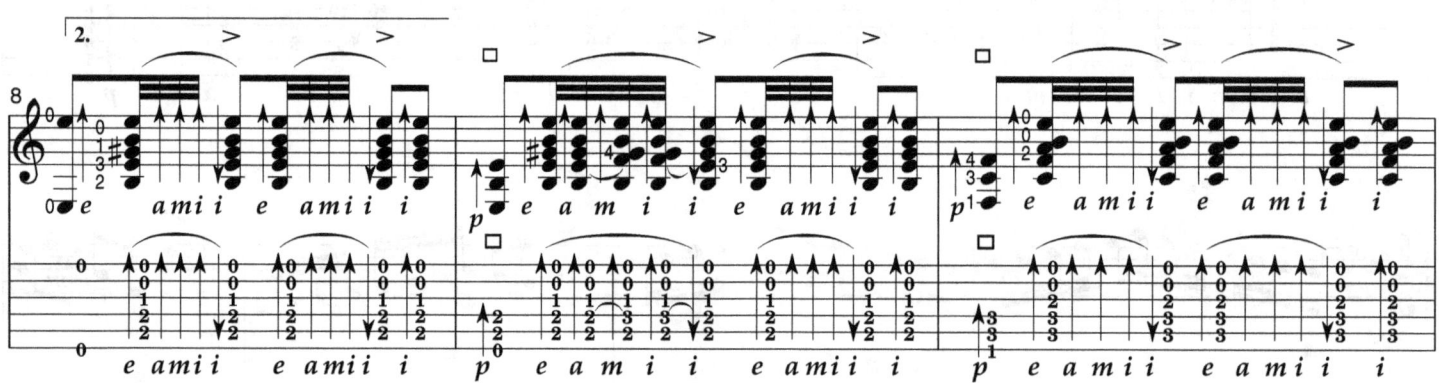
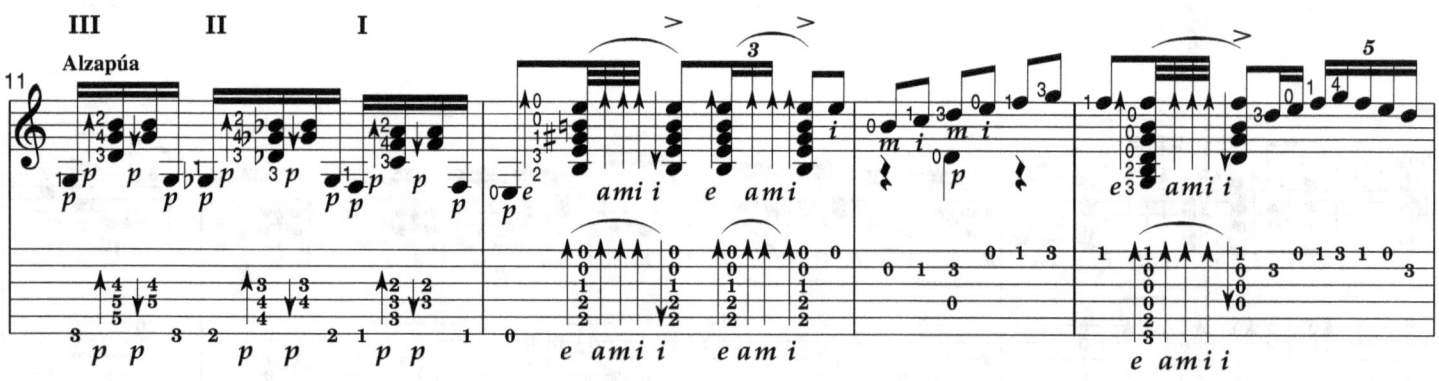
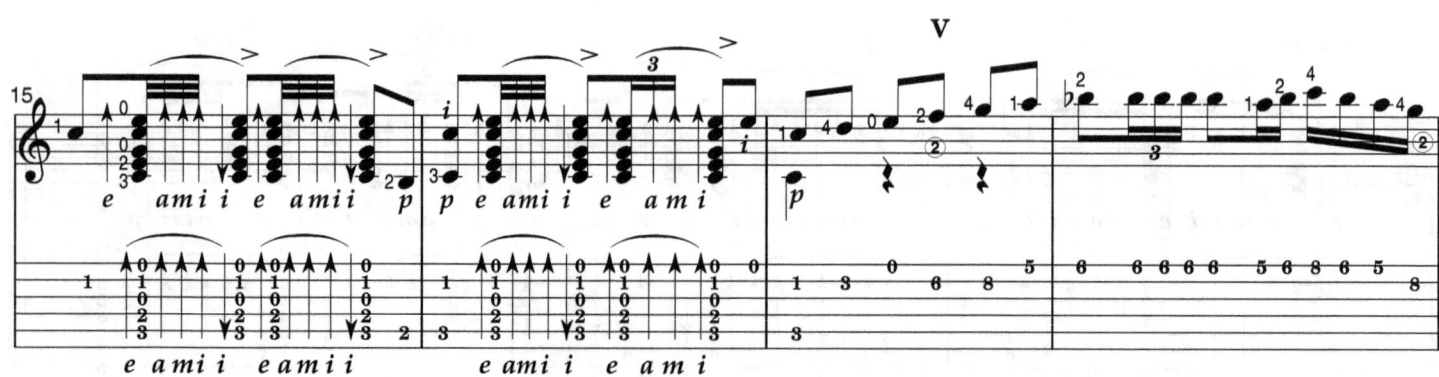

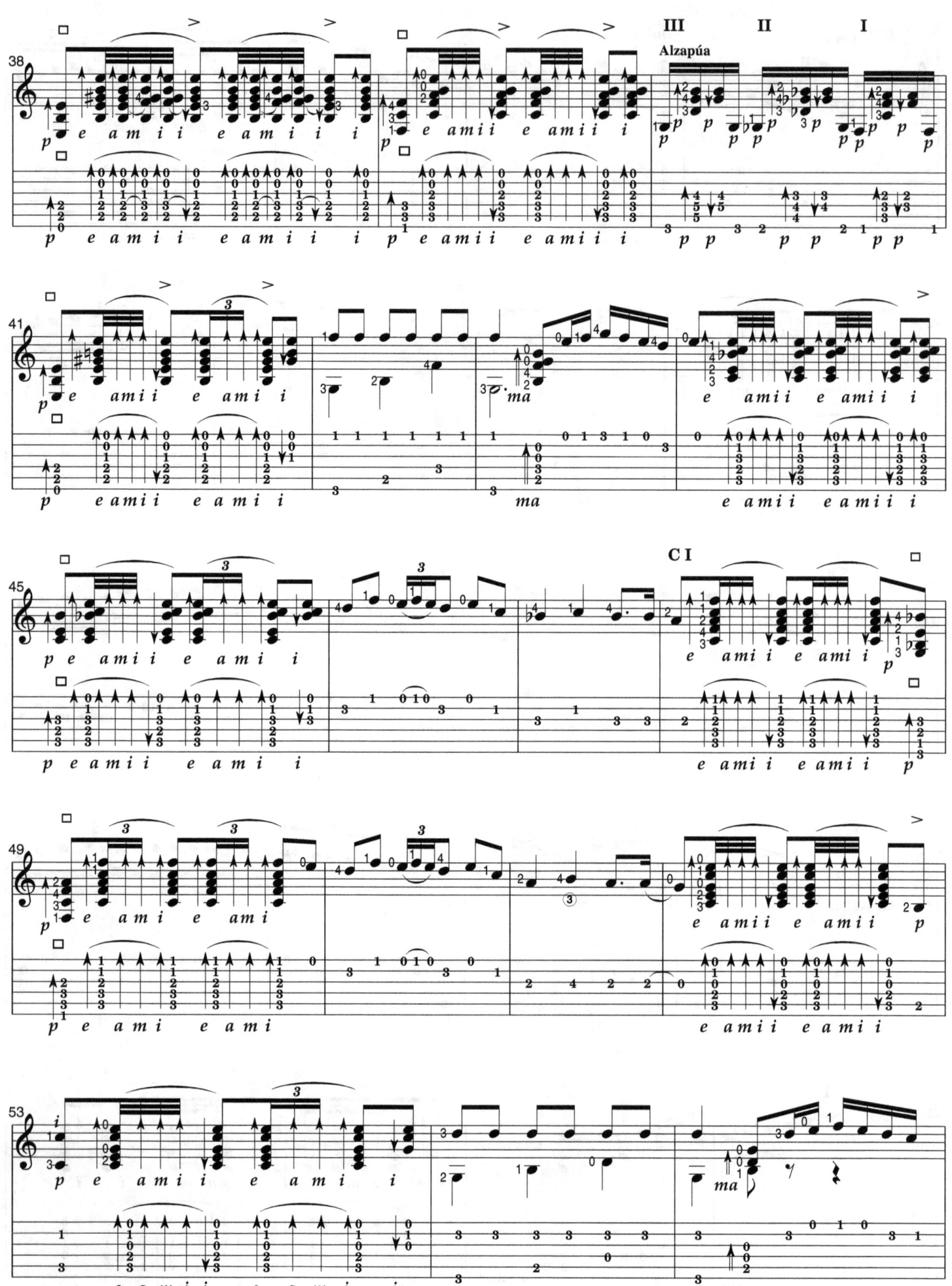

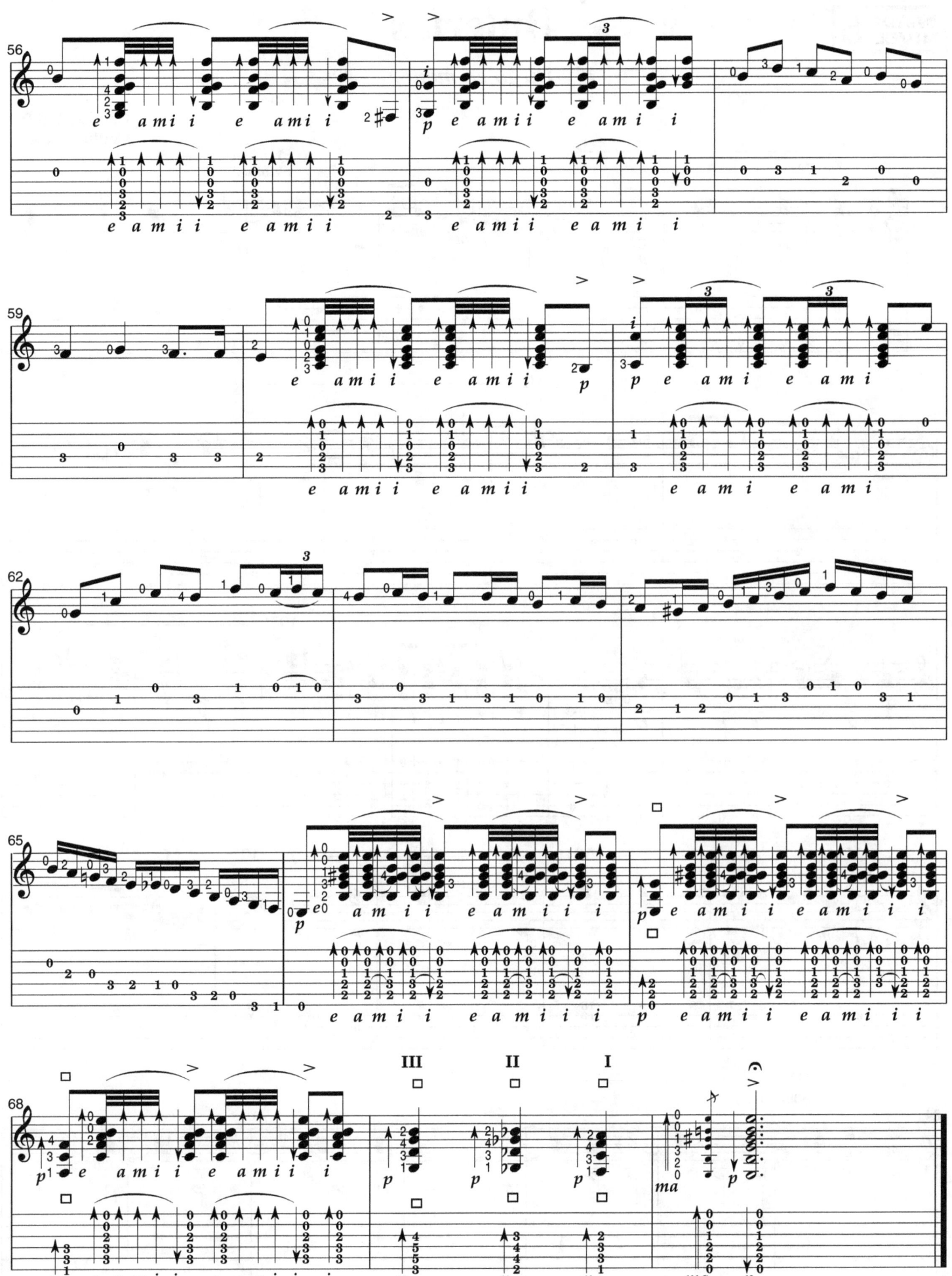

Bulerías

Diego en menor

Capo at 2nd fret
Cejilla al dos

© Copyright 2001 Juan Martin Music
MCPS/PRS MUSIC ALLIANCE

152 Bulerías Grade / Nivel 5

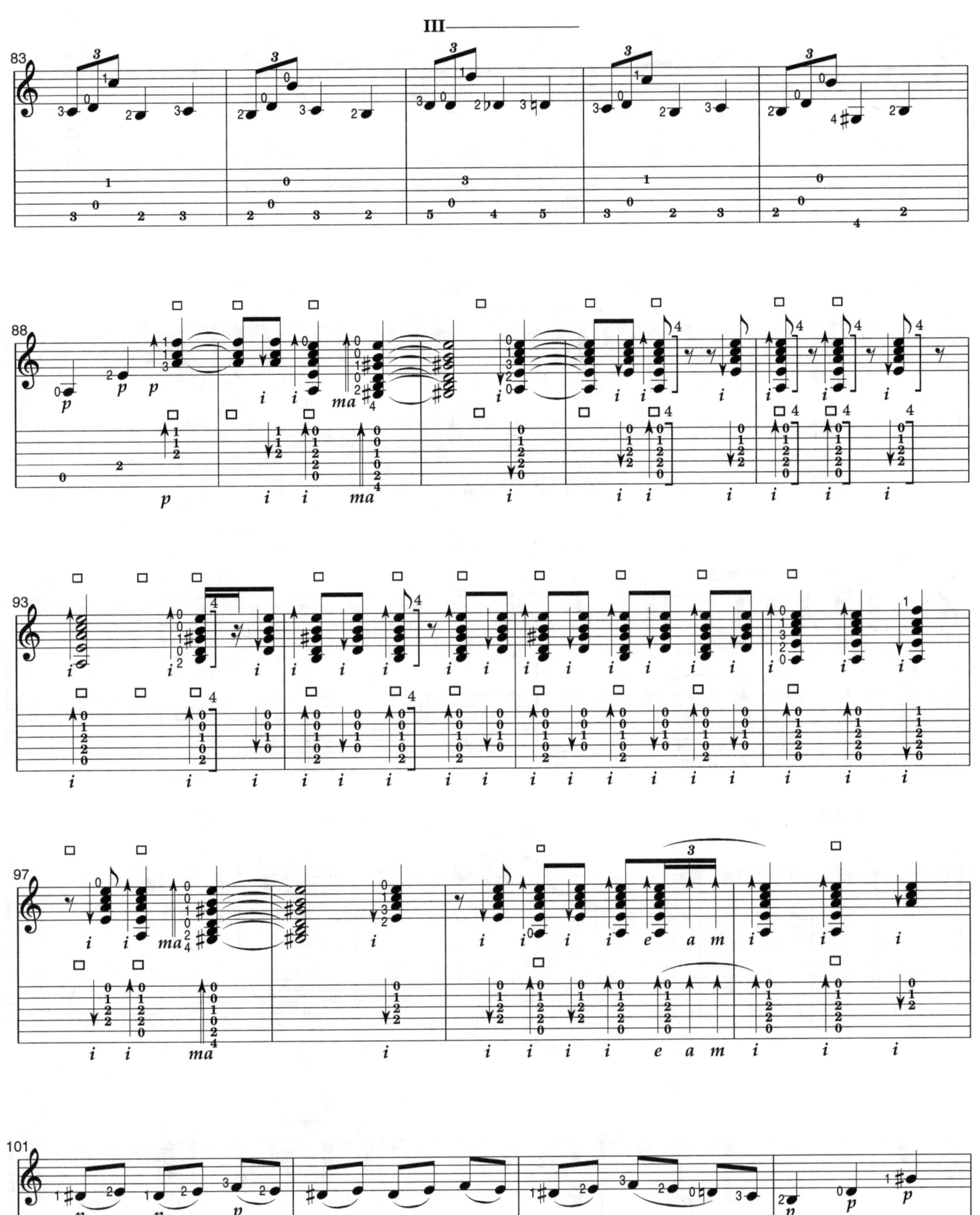

Guajiras
from Caña Rajá

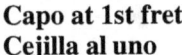

Capo at 1st fret
Cejilla al uno

© Copyright 2001 *Juan Martín Music*

Verdiales for 2nd guitar
para segunda guitarra

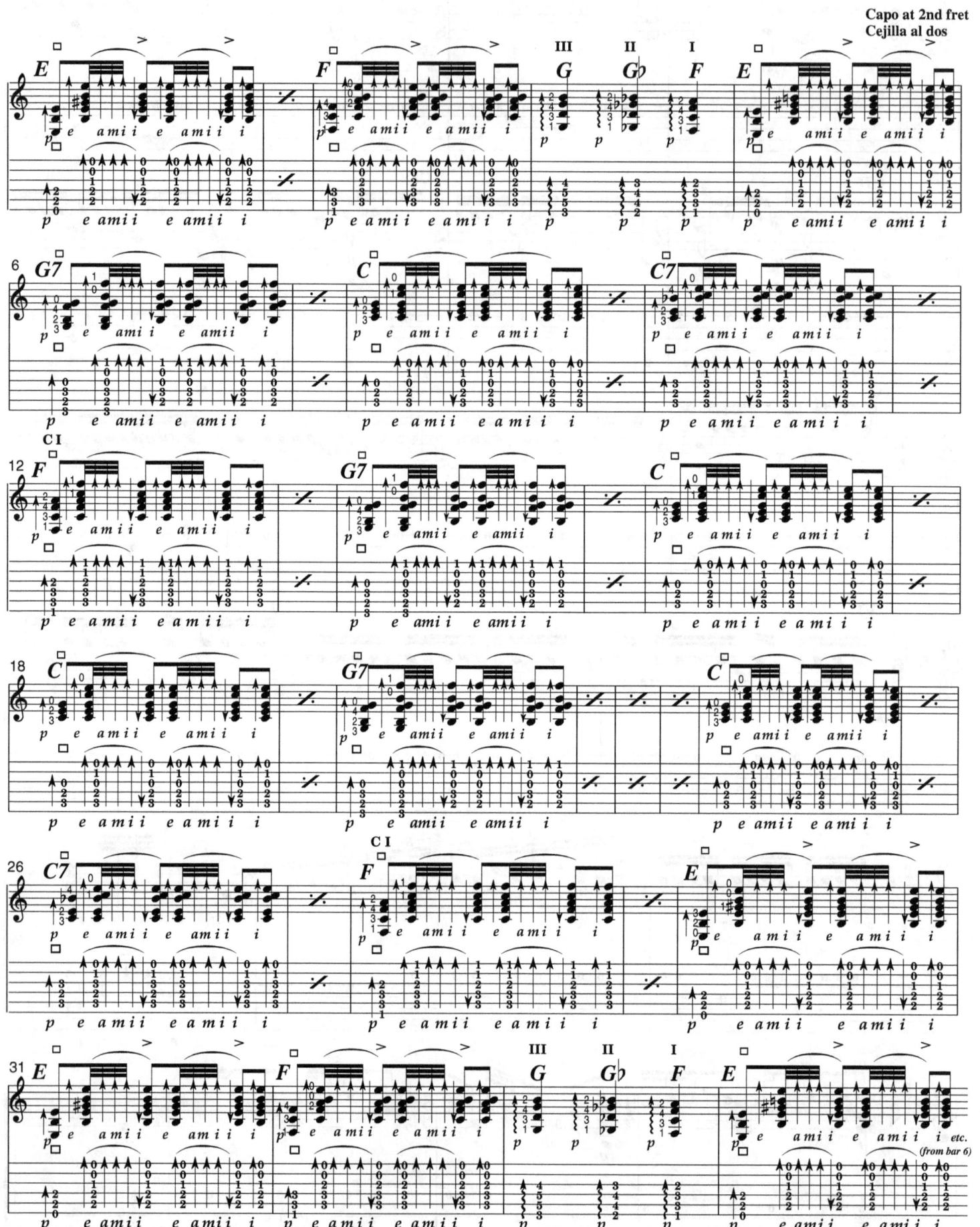

Rafael Romero (cantaor): por seguiriyas

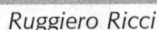

Ruggiero Ricci

El Camarón de la Isla, Paco de Lucía, Helen Martín, Juan Martín, Paco del Gastor

George Benson

Chinin de Triana (cantaor)

World Music with Peter Gabriel

Juan Martín, Felipe Conde, Mariano Conde, Enrique de Melchor: Conde Hermanos, Madrid

JUAN MARTÍN PUBLICATIONS/PUBLICACIONES

GUITAR MUSIC BOOKS BY JUAN MARTÍN with Patrick Campbell.

All transcriptions in guitar tablature (cifra) and staff notation

JUAN MARTÍN'S GUITAR METHOD: EL ARTE FLAMENCO DE LA GUITARRA (2nd Edition 2017)
with 60 minute CD, United Music Publishing UK

ANDALUCIAN SUITE NO.1 – 4 guitar solos from the album 'The Andalucian Suites' (FV01), Mel Bay Publications, Inc. USA

THE EXCITING SOUND OF FLAMENCO, Volumes 1 and 2, each with 2 solos from 'The Early Years' (FV14). United Music Publishing UK

GUITAR MUSIC BOOKS WITH DVDS BY JUAN MARTÍN with Patrick Campbell

ESSENTIAL FLAMENCO GUITAR Vol. 1 and 2 An in-depth course for absolute beginners to more advanced players with online video, Mel Bay Publications, Inc. USA

PLAY FLAMENCO GUITAR WITH JUAN MARTÍN: SOLOS FLAMENCOS. Vol. 1 and 2
Grades 0-5 and 6-8, each with online video and audio, Mel Bay Publications, Inc. USA

LA GUITARRA FLAMENCA: Complete method book with 2 DVDs, Faber Music, UK

DVDS OF JUAN MARTÍN'S FLAMENCO DANCE COMPANY

- 1992 **JUAN MARTÍN AND HIS FLAMENCO DANCE COMPANY FROM SEVILLE** available online
- 2009 **LIVE AT THE ROMAN AMPHITHEATRE, ISTANBUL**, Mel Bay Publications, Inc. USA
- 2010 **LIVE IN LONDON AT THE BARBICAN** (VFV14)

FLAMENCOVISION ALBUMS RECORDED BY JUAN MARTÍN: CDs, downloads and streaming, most recent first:

- 2019 **GUITAR MAESTRO, THE JUAN MARTÍN COLLECTION** (4 CD compilation) FV17
- 2018 **PAINTER IN SOUND**, with Mark Isham (FV16)
- 2015 **LA GUITARRA – MI VIDA**, duos with Chaparro de Málaga (FV15)
- 2014 **THE EARLY YEARS, LOS PRIMEROS AÑOS**, early recordings and tracks with singer Rafael Romero (FV14)
- 2008 **SOLO** (FV012)
- 2008 **SERENADE, WITH THE ROYAL PHILHARMONIC ORCHESTRA** (FV11)
- 2006 **RUMBAS ORIGINALES**, a collection of rumba compositions (FV10)
- 2003 **LIVE EN DIRECTO**, a double CD of Juan Martín's dance company live at the Barbican (FV09)
- 2002 **CAMINO LATINO**, the latin influence on flamenco (FV08)
- 2002 **RIQUEZAS**, with singer Antonio Aparecida (FV07)
- 2000 **EL ALQUIMISTA**, The Alchemist (FV06)
- 1998 **ARTE FLAMENCO PURO**, with Juan Martín's dance group (FV05)
- 1996 **MUSICA ALHAMBRA**, with Abdul Salam Kheir (oud) and others, (FV04)
- 1994 **PICASSO PORTRAITS**, with Juan Martín's fusion group (FV03)
- 1993 **LUNA NEGRA** (FV02)
- 1990 **THE ANDALUCIAN SUITES**, (FV01) also Edición española: Divucsa

EARLY MAJOR RELEASES BY JUAN MARTÍN

- 1974 **THE EXCITING SOUND OF FLAMENCO**, ARGO
- 1976 **THE FLAMENCO SOUL OF JUAN MARTÍN**, DECCA
- 1977 **OLÉ DON JUAN, FLAMENCO EN ANDALUCÍA**, EMI
- 1978 **ROMANCE**, EMI
- 1981 **PICASSO PORTRAITS**, POLYDOR
- 1984 **SERENADE**, WEA
- 1985 **SOLO**, WEA
- 1986 **PAINTER IN SOUND**, WEA/BMG
- 1988 **THROUGH THE MOVING WINDOW**, BMG

All products available from **www.flamencovision.com**

Todos estos productos de Flamencovision, más los libros y DVDs, se puede conseguir de

www.flamencovision.com